부동산중개업으로
10억벌기

부동산중개 필살 노하우

김희수 지음

부동산중개업으로
10억벌기

중개업소 불패!
성공전략을 확실히 제시하는 모든 공인중개사의 필독서

생각나눔

저자의 말

🏠 공인중개사를 합격하여,

막상 부동산 중개업소를 개업하려고 보니 한마디로 막막하였다.

중개업소 자리를 어떤 장소에 골라야 할지부터 시작하여 개업 후 고객 앞에서 브리핑은 어떻게 하고, 고객과 상담은 어떤 자세로 하며 '중개의 꽃'이라 칭하는 계약은 어떤 식으로 진행하여야 할지 모든 것이 난감, 그 자체였다. 자격증은 그야말로 자격증에 불과하고, 개업하는 데 아무런 도움이 되지 아니하였다. 그래서 부동산 중개업소를 개업하려는 자나 이미 성업 중인 공인중개사를 위한 기본 안내 정도를 해줄 수 있는 지침서가 있었으면 하는 동기에서 이 책을 쓰게 되었다.

중개업소 개업 후 10년이 지난 지금,

부동산 중개업을 통하여 느낀 점이 있다면 부동산 중개업계가 한마디로, 무질서함을 느꼈다. 중개업자 간 지켜야 할 매너가 부족하고 작은 금전 앞에서 양심을 팔기도 하고, 심지어는 법에서 정한 규칙을 위반하기가 다반사란 점이다. 더욱이 중개업자도 일종의 서비스 종사원으로 대고객 서비스마인드가 확립되어 있지 않다는 점을 들 수 있다.

그런 결과로 공인중개사들끼리도 서로 불신을 하는 풍토가 팽배하며, 더욱이 고객으로부터는 좋은 소리를 듣지 못하고, 특히 고객서비스를 잘하고 있는 공인중개사들까지도 도매금으로 욕을 먹고 있는 실정으로, 이를 바로 잡아 부동산 중개업계가 대국민으로부터 신뢰를 얻었으면 한다.

부동산 중개업이 전문 자격증 제도를 시행한 지 벌써 30년이란 세월이 지났다.
전문 자격증 제도가 도입되었음에도 일부 공인중개사들이 스스로가 전문지격지임을 망각하고, 옛날 선배 할아버지들께서 운영하시던 복덕방처럼 주먹구구식으로 중개업을 운영하여 중개업이 크게 발전하지 못하고 있다.
부동산중개업도 이런 환경에서 벗어나 새로운 시대에 맞게 변하여야 한다고 생각한다.

이제는 공인중개사 스스로가 공인중개사의 품격을 높여야 한다. 그러기 위해서는 다음 3가지를 개선하여야 한다고 본다.

첫째는, 돈을 벌기 위해서 부동산 중개업을 시작하였으니, 중개업을 제대로 하여 돈을 벌어 크게 성공하여 보자는 것이고,

둘째는, 중개업자들 상호 간에 신뢰와 믿음으로 거래하여 부동산 중개업이 한 단계 레벨업 되는 계기가 되었으면 하고,

셋째는, 평소 공인중개사들이 서비스마인드로 고객을 응대하여 중개업계 전체가 친절하다는 평을 들을 수 있도록 서비스가 개선되었으면 한다.

필자는 책 제목을 『중개업으로 10억 벌기』란 거창한 타이틀을 정하였다.

10억이란 돈은 큰돈이다. 그렇지만 중개업을 통하여 10억 벌기가 가능하고 확신이 있기 때문에 도전의 장(場)을 이번 기회에 주고 싶다. 현재 중개업을 영위하고 있는 중개업소 모두가 돈을 버는 것이 아니고, 파레토 법칙 '20 대 80'에 의거 20%의 중개업소만이 제대로 된 중개업을 영위하고 있다고 생각한다.

그러므로 모든 중개업소가 10억을 벌기 위해서는 이 책에서 제시하는 중개업소 경영전략과 고객 제일주의에 입각하여 각고의 노력을 한다면 분명히 결실을 맺을 것이라 확신한다.

이 책은 내용 면에서 부족한 점이 많다고 생각한다. 다만, 필자가 중개업을 통하여 느끼고 경험한 사례를 많이 넣어 이해를 돕도록 하였고, 특히 중개업자 대고객 서비스마인드 제고에 역점을 두고 집필하였다.

2014년 5월 초판을 발행한 후,

그동안 독자들의 뜨거운 호응에 힘입어 이번에 새로 개정판을 발행하게 되었다.

개정판에서는 '10억 벌기, 꿈은 이루어진다'에 초점을 맞추어 내용을 보강하였다.

아무쪼록, 이 책이 현재 성업 중인 중개업자와 예비 창업 중개사에게 많은 도움이 되었으면 하는 바람이다.

끝으로, 참고문헌을 활용할 수 있도록 허락해준 저자들에게 깊은 감사를 드린다.

"이 책을 끝까지 읽어주시면 감사하겠습니다."

2015년 12월

저자 김희수

목차

저자의 말

제 1 장 10억 벌기 중개업소 '경영전략' 13

1-1	10억 벌기, 꿈은 이루어진다	15
1-2	스피드로 승부하라	58
1-3	틈새시장을 개척하라	64
1-4	임대차로 대박 나기	69
2-1	중개업소 '자리' 에서 승패가 난다	75
2-2	고객 앞에 아낌없이 벗자	85
2-3	팀워크(Team work)가 중요하다	90
2-4	아는 것이 힘이다	94
2-5	부동산 중개사고만큼은 조심하자	100
2-6	지역주민과 밀착화를 실시하라	107
2-7	Smart 중개업소로 거듭나라	113

제2장 10억 벌기 '계약을 위한 전략' 121

1 | 매물접수와 매물 보여주는 요령 123
2 | 효율적인 매물 브리핑 132
3 | 고객을 '계약의 장'으로 이끌려면 137
4 | 계약서만큼은 완벽하게 작성하라 144
5 | 계약서는 일사천리(一瀉千里)로 작성하라 150
6 | 수수료 받는데도 요령이 필요하다 157
7 | 계약으로 연결하는 전화 응대 165

제3장 10억 벌기 '손님 모시기' 171

1 | 백번 잘하다 한번 잘못하면? 173
2 | 고객과의 접촉(MOT)에서 승부가 난다 179
3 | 고장 났는데요 183
4 | 고객의 불만을 환영하라 187
5 | 고객의 비밀은 무덤까지 갖고 가라 194

제4장 10억 벌기 '고객관리' 201

1. 최고의 고객은 공인중개사다 203
2. 단골고객관리 209
3. 우리는 장사꾼이 아니라 농사꾼이다 213
4. 잘못을 인정하라 220
5. 고객을 효율적으로 관리하라 225

제5장 10억 벌기 중개사의 '행동수칙' 229

1. 공인중개사의 매너 231
2. 융통성(融通性)을 발휘하라 237
3. 지난번과 같이 드릴까요? 244
4. 감정을 관리하라 249

제6장 10억 벌기 중개사의 '마음자세' 255

1. 첫인상을 좋게 하라 257
2. 예전의 나를 버려라 263
3. 천직(天職)으로 여겨라 267
4. "사장님 댁이 천하에 제일입니다" 273

제 1 장

10억 벌기 중개업소 '경영전략'

1-1 10억 벌기, 꿈은 이루어진다

🏠 피그말리온 효과(Pygmalion effect)란 것이 있다.

"무언가를 간절히 원하여 그렇게 될 거라 믿고 노력하면 이루어진다."라는 말로, 긍정적인 생각이 좋은 효과를 가져온다는 뜻이다.

하버드대학교 사회심리학 교수가 미국 어느 초등학교 교사에게 '무작위로 선발한 학생들을 뽑아 지적능력이나 학업성취의 가능성이 높은 학생들'이라고 믿도록 하였다. 그리고 몇 개월 후 전교생 대상으로 지능검사를 시행하였다. 그 결과는 예상을 뛰어넘었다. 무작위로 선발하였던 학생들이 다른 학생들보다 평균적으로 학업성적이 크게 향상된 것으로 나타났다.

이렇듯 무언가 간절히 원하고 그것이 이루어지기를 바라면서 그것을 믿고 행동하면 반드시 이루어진다고 한다. 물론, 무한 경쟁의 현실사회에서는 긍정의 힘을 믿고 각고의 노력이 있어야 가능하겠지만….

부동산시장이 장기간 침체에서 벗어나 모처럼 활기를 띠고 있다. 이와 관련하여 부동산 중개업 환경도 서서히 먹구름이 걷히고 있다. 이런 좋은 기회를 절대로 놓쳐서는 안 된다. 그렇지만 부동산중개업도 무한경쟁시대로 접어들어 필자가 제시한 10억 원을 벌기란 현실적으로 어려움이 많다. 그렇다고 해보지도 않고 어떻게 10억이란 거금을 벌겠는가?

고 정주영 현대그룹 회장도 생전에 "이봐 했어?"/ "해보기나 했어?"라는 말을 입에 달고 살았다고 한다. 무슨 일이든 할 수 있다고 생각하는 사람이 해내는 법이다. "꿈은 반드시 이루어진다."라는 신념으로 도전하면 반드시 목표를 달성하리라 생각한다. 특히, 이렇게 장기간 침체한 부동산시장에서도 부동산 중개시장 흐름을 잘 파악하고 대처하여, 불황을 모르고 돈을 잘 버는 중개업소가 있음을 간과하여서는 안 된다.

- '10억 벌기' 위한 중개업자의 패러다임 쉬프트(Paradigm Shift)

(1) 권리금은 '허공에 뜬 돈'이라는 생각

필자가 15년 전 직장 생활을 할 때 음식장사를 하던 친지가 4, 5천만 원의 큰돈을 빌려 달라고 하였다. 어디에 사용하려고 하느냐고 물었더니, 권리금 계약을 해야 하는데 돈이 부족하다고 하였다. 장사에 문외한인 필자는 단번에 "권리금은 허공에 뜬 돈인데…" 하고 거절한 기억이 있다. 몇 년 전 그 친지가 필자의 사무실을 찾아와 여 실장에게 "여기 김 사장님은 권리금을 무서워하는데, 어떻게 거금의 권리금을 주고 중개업 오픈을 했죠?" 하며 뼈있는 말을 하였다.

그 당시 권리금에 대한 본인의 무지로 그 친지에게 도움을 주지 못한 것이 늘 아쉬운 생각이 든다.

권리금은 그만한 가치가 있다.

대부분 공인중개사들이 창업할 때 '권리금이 없는 점포'나 '권리금이 적은 점포'를 찾는다. 물론, 최소의 비용으로 최대의 효과가 나도록 창업을 하면 금상첨화겠지만…. 그렇지만 이러한 생각은 맞지 않다. 권리금이 많이 형성되어 있다는 것은 그만큼 상권, 입지, 수익성에서 우수한 점포다.

다시 말해서, 권리금이 형성되어 있지 않거나 권리금이 적다는 것은 유동인구가 많지 않아 상권이 좋지 않고, 접근성이 떨어져 수익성이 좋지 않은 장소를 의미한다.

일반적으로 자영업을 영위하려면 권리금을 제대로 주고 "1년 안에 그 권리금을 모두 회수할 수 있도록 장사를 하여야 한다."

부동산 중개업도 마찬가지다. "장사는 자리가 70%를 차지한다."라는 말이 있듯이, 권리금이 위험하거나 허공에 뜬 돈이라 생각하여 권리금 없는 장소만 찾는다는 것은 잘못된 생각이다. 개정된 상가 임대차 보호법에서도 법적으로 권리금을 회수할 수 있는 보호 장치가 마련되어 있다. 권리금은 그 자체로서 가치가 있기 때문에 중개업을 제대로 하려면 권리금이 위험하다는 생각을 버려야 한다.

초보 공인중개사들이 창업할 때 권리금이 없는 장소를 선호하는 경향이 있다. 그 결과, 유동인구가 적은 골목의 점포를 얻거나 장기간 공실의 상가를 임대하게 된다. 결국, 1년을 버티지 못하여 나가게 되고, 심지어는 새로운 임차인을 구하지 못하여 보증금을 다 까먹고 빈손으로 문을 닫는 공인중개사도 있다.

중개업을 하려면 장사 될 만한 곳을 골라 창업을 하여야 한다. 권리금을 단기간에 회수한다는 각오로 열심히 중개업을 하다 보면 나중에는 "권리금 정도쯤이야."라는 말이 나오게 된다.

권리금을 주고 들어간 점포에서 장사가 잘된다면 기회를 포착하여 대출을 끼고서라도 그 점포를 무조건 매수하여야 한다. 매월 월세를 주고 장사를 하느니 차라리 은행 대출이자를 내면 월세보다 은행 대출이자가 적게 들어가며, 장사를 안정적으로 할 수 있다.

(2) 중개업은 '아파트 단지 내 상가가 최고'라는 생각

중개업을 영위하는 곳으로 아파트 단지 내 상가가 최고라는 생각을 하는 이유는 뭘까? 아파트 단지 내 상가에서 부동산 중개업을 하면 큰 위험을 수반하지 않고 안정적으로 운영할 수 있다. 그래서 퇴직자나 가정주부가 우선으로 찾는 곳이 아파트 단지 내 상가이다.

아파트 단지 내 상가 유형은 나 홀로 아파트를 비롯하여 대단지 아파트, 신축 아파트 상가를 들 수 있다. 나 홀로 아파트는 무엇보다도 아파트 숫자가 적어 손익 분기점을 맞추기 어렵다. 대단지 아파트 단

지 내 상가의 경우 대부분 기존 중개업자가 선점하고 있어서 신규로 입점하기가 쉽지 않다. 이런 곳에서 오픈을 하려면 거액의 권리금을 주고 들어가야 한다. 신축 아파트는 분양권 매매를 비롯하여 신규 입주 작업을 할 수 있지만, 전세 회전율이 낮은 특징을 갖고 있다.

일반적으로 아파트 단지에서 중개업을 영위하려면 중개업소 한 군데 당 300~400세대의 아파트가 있어야 한다. 그래야 중개업소 한 군데의 손익분기점을 맞출 수 있다. 가령, 아파트 이사 주기를 6년 정도로 보면 1년에 약 60세대가 이주를 하게 된다.

이 중에서 50% 정도 계약을 한다면 한 달에 평균 3건 정도의 매매를 할 수 있다.

그리고 아파트 임대계약을 매월 2건 정도 한다고 가정 시 중개업소 손익 예상은 다음과 같다.

- 지방 아파트 가격 3억, 전세 2억, 중개업소 직원 2명, 월 임대료 250만 원, 관리비 등 운영비 월 1백만 원, 광고비 월 20만 원으로 가정 시(단위: 만 원)

수 입
· 아파트 매매수수료: 3억 × 0.4% = 240만 원(매수, 매도) 240만 원 × 연 36건 = 8,640만 원
· 아파트 임대수수료: 2억 × 0.3% = 120만 원(임대, 임차) 120만 원 × 24건 = 2,880만 원
수익 계: 11,520만 원

비 용
· 월　세: 연 3,000만 원
· 관리비: 연 1,200만 원
· 광고비: 연 240만 원
비용 계: 4,440만 원

연간 수익
7,080만 원

　상기 조건의 아파트 단지 내에서 중개업을 할 경우 1인당 매월 3백만 원 정도 수익을 올릴 수 있어서 두 가족 생계는 유지할 수는 있다. 그렇지만 아파트 단지 내에서는 다른 부동산을 취급할 기회가 그리 많지 않다. 아파트 중개수수료 외에 다른 수익을 크게 기대할 수 없어서 수익 창출에 한계가 있다.

　중개업으로 성공하려면 중개할 지역의 예상 손익을 사전에 검토하여 타당하다고 판단될 때 창업을 하여야 한다. 그렇지 않고 무조건 아파트 단지만을 선호하여 창업하게 되면 많은 애로를 겪을 수 있다. 이렇게 되면 결국, 신규로 창업하는 공인중개사에게 권리금을 받고 점포를 넘기는 악성 점포 먹이 사슬이 생길 수 있다.

　아파트 위주의 중개업을 하려면 아파트 가격이 10년 단위로 가격이 오르내리는 것을 고려하여야 한다. 아파트 성수기에는 거래가 잘 되지만, 경기가 불황기에는 한 달에 한 건도 거래를 못할 수 있다. 이처럼 아파트 단지 내 상가에서 중개업을 열심히 하면 먹고 살 수는 있지만, 필자가 제시하는 10억 벌기의 꿈은 쉽지가 않다는 것을 명심하여야 한다.

(3) '단독 주택지는 돈벌이가 안 된다'는 생각

일반적으로 단독 주택지에서 부동산 중개업은 중개인만이 하는 곳으로 알려져 있다. 중개인들은 한 곳에서 중개업을 오랫동안 영위하여 '누구네 집이 젓가락이 몇 개인지' 알 수 있을 정도로 단독 주택지를 훤히 알고 있다. 그 결과, 단독주택지 내의 중개인들은 중개수익 외에 보유하고 있는 부동산에서 임대수익을 받아 경제적으로 여유로운 생활을 한다.

공인중개사들이 이러한 단독주택지 내에서 중개업을 외면하는 이유는 뭘까?

이유는 간단하다. 우선 단독주택지 중개에서 그 특징을 찾을 수 있다.

단독 주택지는 전·월세를 비롯하여 매매에 이르기까지 중개물건이 매우 다양하고 복잡하여 현실적으로 중개가 녹록지 않다. 고객도 중국교포를 비롯한 소득 수준이 낮은 고객을 비롯하여 상류층이 혼재하여 대체로 노련한 중개기법을 요한다.

이러한 단독 주택지가 천지개벽이 이루어지고 있다.

원룸을 비롯하여 다가구 및 다세대 신축 붐으로 단독주택지 물건은 매매가 매우 활발하다. 특히, 대지가 반듯하고 4미터 이상 도로를 끼고 있으면서 북향 주택의 경우는 신축이 용이하여 가격이 천정부지로 오르고 있다.

초저금리시대를 맞이하여 다가구주택을 매수하여 거주하면서 월세를 받으려는 수요가 증가하여 다가구 주택의 몸값은 계속 뛰고 있다.

단독 주택지라고 하여 중개를 외면할 곳이 아니라 새로운 블루오션 시장이다.

단독주택지에서 임대차와 매매에 주력하면서 값싸고 신축하기에 용이한 주택지를 매수하여 주택 신축 판매업을 겸한다면 필자가 제시하는 10억 벌기는 꿈은 곧 이루어지게 될 것이다.

(4) '경매는 전문가만 참여한다'는 생각

모든 계층에서 경매공부에 열기를 뿜고 있다.

20, 30대를 비롯하여 주부, 직장인 할 것 없이 모든 세대에 걸쳐서 관심이 뜨겁다. 시중에서 판매되고 있는 경제 관련 서적 중 가장 인기 있는 책이 경매 서적이라고 한다. 실제로 아파트경매 시장은 주부들이 시장을 장악한 지 오래되었다. 그 결과, 경매시장에서 아파트는 급매물보다 더 높게 경락이 되는 경우가 많다. 주부들이 아파트 경매시장에 뛰어든 후 이러한 현상이 더욱 두드러졌다.

이와는 반대로, 법적으로 경매 참여가 가능한 공인중개사들은 경매에는 큰 관심이 없고, 오로지 부동산 중개에만 열중하고 있다.

부동산 중개업무가 예전 같지 않다는 것은 누구나 알고 있는 사실이다. 원룸 계약 하나를 성사시키기 위해서 손님을 반나절 이상 모시고 다니면서 공을 들여야 계약이 될 듯 말 듯하다. 계약이 성사되면 40만 원정도 수수료를 받고, 공동중개 시에는 20만 원 정도 수수료를 받는다. 그렇지만 경매에 입찰하여 경락을 받으면 중개수수료와 비교가 안 될 정도로 많은 수익을 올릴 수 있다.

공인중개사는 다른 일반인과는 달리 많은 강점을 갖고 있다.
우선 부동산 시장 정보에 밝고 시세를 잘 파악할 수 있다. 경매에 참가하면 다른 참가인보다는 우위를 점할 수 있고, 경락을 받으면 쉽게 매매를 할 수 있어서 좋다.

부동산 중개 시장이 항상 좋은 것은 아니다. 성수기의 부동산 시장에서는 중개업이 잘 되지만, 불황기에 접어들면 그야말로 중개업은 한산하여 수익은 반으로 줄어든다. 경매는 이런 때에 참가하여야 한다. 모든 부동산이 반값으로 내려갈 때 경매에 참여하면 수익을 낼 수 있는 확률이 매우 높다.

오피스텔이나 도시형 생활주택, 그리고 아파트는 경매 초보자도 쉽게 접근할 수 있다. 관심을 두고 늘 경매에 참여하다 보면 시세 대비 20% 이상 저렴한 매물을 경락을 받아 시세차익을 낼 수 있고, 월세를 놓으면 은행이자의 몇 배 이상의 수익을 올릴 수 있다. 나 홀로 단지보다는 대단지 위주의 역세권 매물을 선정하여 경매에 참여하여야 임대인을 쉽게 찾을 수 있고, 필요시에 매매도 수월하다.
경매는 정부에서 공식적으로 허락한 수익을 창출할 수 있는 최고의 시장이다. 경매 전문가만이 참여하는 시장이 아니며 가정주부도 경매를 배워 참여하는 오픈 된 시장이다. 공인중개사란 전문인이 사무실을 안정적으로 운영하고 수익을 배가시키기 위해서는 반드시 놓치지 말아야 할 시장임을 명심하여야 한다.

(5) '주택 신축 판매업은 거액의 자기 자금이 꼭 있어야 한다'는 생각

작금의 부동산 시장은 아파트 전세가 귀하고 가격이 치솟다 보니 신축 다세대주택 매매와 임대는 최대의 호황을 맞고 있다. 이러한 호황은 실제로는 일반 주택 신축업자들의 호황이지, 중개업자에게는 '그림의 떡'과 같다. 공인중개사는 그저 매매금액의 0.4%의 수수료를 받기 위해서 중개에 노력할 따름이다.

공인중개사들에게 주택 신축 판매업을 왜 하지 않느냐고 물었더니, '돈이 없어서', '분양이 안 될까 봐'라고 답변한다. 사실 이런 생각은 중개사들의 안이한 생각에서 비롯된 것이다. 중개업을 영위하면서 신축 판매업을 할 수 있는 충분한 시간과 정보와 판매망을 갖고 있으면서도 돈이 없어서 황금알을 낳는 시장을 남에게 넘겨주고 있다.

사실 신축판매업을 하는 사람들의 면면을 살펴보면 내 돈 가지고 하는 사람은 많지 않다. 토지대금의 90%까지 대출을 해주는 은행이 있고, 건축자금을 대부해 주는 건설협회도 있다. 중개업자들이 이러한 좋은 기회의 시장을 일반인들에게 넘겨주고 있으니 너무나도 애석한 일이다.

은행이 사업을 영위하여 돈을 벌고 있는 구조를 살펴보자.

은행은 고객으로부터 예금을 받아 그중 일부는 한국은행에 지급준비금으로 예치하고, 나머지 돈은 대출하여 이윤을 챙기는 업종이다. 은행 자체 돈을 갖고 있지 않으면서도 타인자금을 이용하여 큰 돈벌이를 하고 있는 것이다.

공인중개사가 돈이 없다고 하소연을 하여서는 절대로 안 된다. 중개업을 영위하는 몇몇이서 동업을 하여 사업자금 일부를 충당할 수 있다. 그리고 부족자금은 저금리의 은행자금을 이용하면 황금알을 낳는 주택 신축판매업에 뛰어들 수 있기 때문이다.

이제까지 공인중개사가 버려야 할 편견들에 대하여 알아보았다.
중개업으로 10억을 벌기 위해서는 필자는 다음과 같은 전제 조건을 제시한다.
이러한 전제조건들이 충족되고 중개업자가 자기에게 맞는 전략을 수립하여 매진할 때, 반드시 중개업자가 바라는 수익이 창출되리라 확신한다.

🖉 10억 벌기 프로젝트 전제 조건

- 중개업소 자리를 구할 때 권리금을 많이 주더라도 장사가 잘 될 곳을 선택하라.
- 복합 상품(아파트, 단독주택, 원룸, 상가, 사무실, 다세대 신축 등)을 취급할 수 있는 곳이어야 한다.
- 팀워크가 잘 맞는 여실장을 파트너로 구한다(다양한 실무능력 보유자).
- 팀원 전원이 중개 실무와 경매에 능하고, 다세대 및 원룸 시행능력이 있어야 한다.
- 재개발, 재건축업무에 해박한 지식을 갖고 있어야 한다.
- 필요 시 자금 동원 능력이 있어야 한다(자기 및 타인자본).
- 목표의식이 강하고, 추진력이 있어야 한다.

제1전략
중개업 기본(임대차 계약)에 충실하라.

제2전략
매매는 매월 3건 이상 반드시 엮어라.

제3전략
다세대주택과 원룸을 신축하여 판매하라.

제4전략
경매에 참여하라.

제5전략
전략적인 광고를 시행하라.

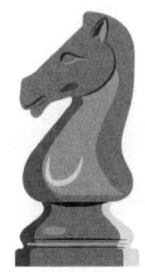

✓ 10억 벌기 | 제1전략: 기본(임대차 계약)에 충실하라(go to the basics)

중개업을 영위하려면 고객을 가려서는 안 된다.

돈이 될 만한 고객이라고 하여 정중히 모시고 하찮은 고객이라 하여 소홀히 하여서는 안 된다. 10억을 벌기 위해서는 부동산 중개업소에서 취급 가능한 모든 계약을 취급하여야 한다. 가령, 보증금 1백만 원에 월세 10만 원의 소액 임대차도 취급하여야 하고 보증금이 없는 깔세는 물론, 전세금액 2천만 원의 하찮은 고객도 무시하지 말고 정성으로 모셔야 한다.

이런 사소한 중개를 무시하고 큰 상가만 전문으로 하거나 원룸만을 전문으로 한다고 할 때 열심히 일하면 먹고 살 수는 있지만, 큰돈을 벌 수는 없다.

필자가 일하는 근처에 나이 많은 중개업자가, 운영하고 있던 중개업소를 그만두고 큰 상가만 전문으로 취급하겠다고 새로운 곳에서 오픈을 하였다. 그러나 개업한 지 1년도 안 되어 문을 닫는 경우를 보았고, 대형 건물만 취급하다 몇 달이 안 되어 망하는 경우도 보았다. 더욱이 땅을 전문으로 한다고 시골에 내려가 사무실 운영비도 벌지 못하는 공인중개사도 주변에서 보았다.

이처럼 사소한 중개를 무시하고 기본을 지키지 않으면서 한 가지 상품으로 승부하려 든다면 성공보다는 실패 확률이 높다는 것을 명심하여야 한다.

10억 벌기 프로젝트에서 성공하려면 반드시 사무소 매출 총액의 60% 이상을 임대차 수수료로 벌어야 한다. 사소한 중개라도 소홀히 하지 말고 최선을 다하여 집중할 때 매월 1천만 원 정도의 수수료를 임대차를 통하여 벌 수 있다고 생각한다.

임대차는 중개업무 특성상 여자 실장이 맡아서 하는 것이 좋고, 다세대신축, 경매, 대형건물 매매, 재개발, 재건축 등 좀 복잡하고 경험을 필요로 하는 업무는 남자 사장이 맡아서 하는 것이 좋다.

■ 임대차 계약을 획기적으로 증대할 수 있는 방안

① 임대차 만기도래 현황을 엑셀로 관리하라
임대차 계약이 완료되면 컴퓨터에 계약 내용을 저장하여 계약 만기별로 그 현황을 파악하여 관리하여야 한다. 계약만기 2개월 전에는 안부를 묻고 재계약 여부를 파악하여 물건을 확보하여야 한다. 특히, 아파트의 경우에는 임대차 금액이 크기 때문에 이를 놓쳐서는 안 되며, 아파트 부녀회나 동 대표 회의에 광고를 하는 등 매물 확보에 늘 주력을 하여야 한다.

② 다가구 등 주택 임대차 관리

다가구주택의 임대인과 임차인은 상대적으로 까다롭지 않다. 조금만 관리하여도 단골손님으로 모실 수 있다. 단골 임대인에게는 중개수수료의 일정액을 항상 할인하여 주거나 나이 많은 어르신 임대인에게는 가끔 문안 인사를 드리는 등 관리를 잘하면 평생 고객으로 만들 수 있다.

또한, 다가구와 빌라가 크게 형성된 지역에 소재한 중개업소에서는 주택과 빌라 단지 주변에 명함작업을 게을리하여서는 안 된다. 이틀에 한 번은 실시하여 명함이 항상 부착되어 있을 정도로 열심히 하면 자연스럽게 임대차 고객은 늘어나게 된다.

평소 주택 임대차 법률을 완전히 숙지하여 임차인에게 빈틈없는 계약을 하여야 하며, 지역임대인과 유대는 필수적이다. 특히, 기존 다가구와 다세대의 임대인과 임차인에 대하여는 늘 관심을 갖고 유대를 하고, 중개업소에서 매입하여준 다가구주택에 대하여는 전속계약을 체결하는 등 특별 관리를 하여 타 중개업소에 뺏기는 일이 없도록 하여야 한다.

③ 원룸과 도시형생활주택 빌딩은 '전속중개계약'을 체결하라

중개업소에서 원룸빌딩 몇 개만 관리하여도 수수료 수입이 고정적으로 들어오기 때문에 중개업소 운영에 큰 도움이 된다. 이를 위해서는 신축 때부터 임대인을 접촉하여 전속중개를 따내야 하며, 특히 중개업

소에서 매수하여 준 원룸빌딩에 대하여는 반드시 전속중개계약을 유지하여야 한다. 원룸과 도시형생활주택에 전속중개계약이 체결되어 있지 아니한 경우에는 매물이 모든 부동산에 분산되어 나오기 때문에 임대차 계약체결은 쉽지가 않다. 설사 계약을 성사시켜도 임대인이 수수료를 제대로 주지 않기 때문에 전속중개계약은 필수라 하겠다.

④ 임장 활동을 하라

복합 상품(단독, 다가구, 원룸, 아파트, 사무실, 상가 등)을 취급하는 중개업소는 임장 활동을 열심히 하여야 한다.

중개업은 가만히 앉아서 고객을 기다려서는 안 되며, 하루에도 몇 번씩 중개업소 관내를 돌면서 어떤 곳에서 원룸신축을 하고 있고, 김 아무개 사장은 다세대 신축을 위해 구청 허가 중이며, ○○빌딩에는 임차인을 구하는 현수막이 부착되어 있는 등, 관내 현황을 수시로 파악하여 매물정보를 확보하여야 한다.

중개업자가 하루에 명함 30개는 소진한다는 목표 아래 고객을 찾아 임장 활동을 꾸준히 하면 그 효과는 열심히 노력한 만큼 비례하여 나타나게 된다.

⑤ 한번 찾아온 고객에 대하여는 절대로 놓치지 마라

임대차를 목적으로 중개업소를 찾는 고객은 매물이 마음에 들면 거의 계약을 하고 돌아간다. 그러므로 스스로 찾아온 임대차 고객에 대하여는 어떻게 하여서라도 놓쳐서는 안 된다.

중개업소에 적당한 매물이 없을 때는 공동중개를 추진하여서라도 계약을 성사시켜야 한다. 당일 계약을 못하고 돌아갈 때에는 물건을 확보한 후 연락을 취하여 사무실을 재방문하도록 하여야 한다.

서울 영등포구 신길동 소재 어느 중개업소의 경우 '셰퍼드 중개사'라고 하는 별명이 붙어 있다. 이유인즉, 한번 찾아온 고객에 대하여는 꽉 물어 절대로 놓치지 않기 때문이다. 임차인이 미안할 정도로 고객을 이리저리 모시고 다니고, 당일 계약을 못하고 돌아가면 재방문하도록 설득하여 계약을 체결하기 때문이다.

⑥ 구전효과(word of effect)가 나오도록 하라

중개업소에 임대차 매물이 아무리 넘치더라도 이를 빠른 시간 내에 계약으로 연결하지 못하면 아무런 소용이 없다. 계약을 못 하고 있는 사이 그 매물은 금방 사라지고 만다. 이렇듯 중개매물은 살아있는 생물이나 다름없다. 살아 있는 생물을 놓치지 않으려면 평소 손님맞이에 만전을 기하여 구전효과(word of effect)가 나오도록 하여야 한다.

가령, 신혼집을 구하기 위해 중개업소를 이용한 고객이 자기가 원하는 매물을 아주 싼 가격에, 그리고 중개업소로부터 질 좋은 서비스를 받았다면 그 고객은 당연히 온·오프라인에 그 중개업소 소문을 낼 것이고, 그렇게 되면 구전효과(word of effect)를 톡톡히 볼 수 있다. 더욱이 자기가 가장 친한 지인에게 소개하여 그 중개업소를 이용하도록 권유하기도 한다. 구전효과(word of effect)를 높이기 위해서는 찾아오는 고객 한 분 한 분을 내 가족같이 정성으로 모시면 된다.

✏️ 임대차 위주의 중개업을 영위할 때 예상 손익

- 전제조건
    - 사무소 매출액의 60%를 임대차로 성사시켜 매월 10천만 원의 수입 실현
    - 임대차 외에 3억 원 규모 매매를 최소한 3건 이상의 매매를 추진
    - 연 2회 이상 경매에 참가하여 연 2천만 원 이상 수익 실현
    - 유능한 실장과 수익 배분은 5:5로 함
    - 사무실 유지비용: 월세 2백, 관리비 등 공과금 100만 원, 광고비 월 20만 원

수 입
· 임대차 수수료 수입 1천만 원 × 12개월 = 1억 2천만 원
· 매매 수수료 수입 3억 × 0.4% × 2(매수, 매도) = 240만 원
240만 원 × 36건 = 8,640만 원
· 경매 수익: 연 2회 = 2,000만 원
수입 합계: 2억 2천640만 원

비 용
· 월세 200만 원 × 12 = 2,400만 원
· 관리비 등 100만 원 × 12 = 1,200만 원
· 광고비 20만 원 × 12 = 240만 원
비용 합계: 3,840만 원

사무실 연간 수익
1억 8,800만 원

개인별 배분 수익
9,400만 원

✓ 10억 벌기) 제2전략: 부동산 매매는 매월 3건 이상 엮어라

"부동산 시장이 장기간 침체되고 경기가 계속 불황인데, 어떻게 매매를 3건 이상 하란 말이냐?", "말도 안 되는 소리다." 이렇게 얘기할 수도 있다.

부동산시장 불황이 계속되고 중개업계 경쟁이 치열하여도 지속적으로 매매계약을 매월 3건 이상 체결하여, 불황을 모르는 중개업소가 있다면 벤치마킹하여 볼 일이다.

필자가 매매를 3건 이상 체결하라고 하지 않고 "3건 이상 엮어라."라고 한 것은 매우 의미심장한 얘기다. 중개업소에서 찾아오는 고객을 상대로 영업하여 매월 3건 이상 매매하기란 쉬운 일은 아니다. 그렇기에 필자는 엮어야 한다고 주장한다.

그러면 어떻게 엮을까?

중개업소를 한 곳에서 오래 하다 보면 '급매물', '돈 되는 매물', '차익 실현이 가능한 매물'이 나오게 된다. 이런 매물은 한마디로 돈이 되는 매물이기 때문에 손쉽게 매매가 가능하다. 평소 알고 지내고 있는 모든 사람을 상대로 영업하면 매물을 빨리 소진시킬 수 있다. 특히, 재개발예정지나 리모델링 수직 증축 지역의 급매물을 활용하면 더욱 좋다.

이런 식으로 급매물이나 돈 되는 매물을 매입한 고객에 대하여는 일정 기간 경과 후 매도하도록 권유하여 차익을 실현해 주어야 한다. 수익을 한번 실현하여 재미를 보면 그 고객은 반드시 재투자를 하기 때문에 이를 잘 활용하면 매월 3건의 매매는 무난히 해결할 수 있다. 그렇게 되면 매월 수수료 수입으로 최소한 8백만 원 이상은 무난히 달성할 수 있다고 믿는다. (매매금액 3억 기준으로 3건 취급 시 수수료임.)

이런 고객을 5명만 확보하여 주기적으로 관리하면 중개업소 수익증대에 크게 기여 할 수 있다. 아주 급매물로 고객에게 넘기기 아까운 매물이 있다면 그런 기회를 놓쳐서는 안 된다. 다시 말해, 중개업소에서 매수하여 상품으로 보유하면 된다.

이제는 중개업소 주변 환경도 장기간 침체에서 벗어나 서서히 날개를 펴고 있다. 강남권의 재건축시장 중심으로 매수문의가 활발하고, 그동안 규제 중심의 정책이 이제는 많이 완화되어 투자 환경은 많이 좋아졌다. 다주택자 중과제도가 폐지되었고, 취득세가 영구 인하되었으며, 수직증축 리모델링 사업이 가능해졌고, 재개발과 재건축 용적률이 완화되어 매수가 조금씩 늘어나고 있어서 주택매수 시장은 호기를 맡고 있다.

최근 아파트 시장의 경우, 소형 매물은 없어서 매매를 못할 정도로 활발하게 움직이고 있다. 이러한 아파트 시장과 병행하여 빌라 등 다세대 시장이 크게 뜨고 있어서 중개업자에게는 보기 드문 호황을 맞고 있다.

그리고 중개업자에게 단순히 수수료만 받는 고전적인 업무에서 이제는 공인중개사에게 매매업을 추가할 예정이어서 새로운 수익 모델이 창출이 예상되고 있다.

이런 좋은 기회에 새로운 전략과 적극적 사고로 중개업에 임한다면 목표한 10억 벌기는 먼 나라 얘기는 아닐 것이다.

■ 부동산 중개업 성공사례(다세대주택 매매·경매 위주의 중개)

서울 노량진에서 부동산중개업을 13년 채 영위하고 있는 P모 사장(60세, 남)은 50세 되던 해에 은행에서 명퇴를 당하였다. 은행에서 재직 시 대출과 감정 업무를 오랫동안 담당하여 부동산에 대하여는 어느 정도 기본 상식을 갖고 있었다.

P씨는 은행에서 명퇴를 당하였지만, 일반회사와 비교가 안 될 정도로 많은 명퇴금을 받았다. 3억 원의 명퇴금을 수령한 P씨는 프랜차이즈 사업에 관심을 갖고 여러 군데 다녀 상담을 받았다. 은행의 온실 같은 환경에서 반평생을 지내온 P씨로는 프랜차이즈 사업을 도저히 감당할 수 없음을 알게 되었다.

그러던 중 은행 친구의 소개로 부동산 중개업에 관심을 갖게 되었다. 부동산 중개업은 다른 사업과 비교하여 크게 손해 볼 장사가 아니며, 은행에서 종사한 경험으로 충분히 해낼 업종이라면서 강력히 추천하였다.

P씨는 노량진에 있는 중개업 학원에 등록하였다. 1년 동안 열심히 공부하였지만, 첫해 시험에서 낙방을 하였다. P씨가 응시하던 해에 공인중개사 자격시험이 강화되어 전년도 합격자의 10% 수준에서 합격자를 배출하였기 때문이다.

P씨는 첫해에 자격증을 손에 넣지 못하였지만, 다행히 이듬해 재시험 기회가 있어서 합격을 하였다. 자격증을 갖게 된 P씨는 노량진 학원가 근처에 전용면적 8평 규모의 집합건물을 얻었다. 우선, 임차인과 4천만 원의 권리금계약을 하고 임대인과는 2년 기간(보증금 5천만 원, 월세 1백7십만 원)의 임대차 계약을 하였다.

P씨는 평소 잘 알고 지내는 베테랑 여 실장 공인중개사를 영입하였다. 노량진 학원가에 위치하여 원룸 임대차를 전문으로 하면서 아파트 매매와 상가중개를 동시에 진행을 하였다. 베테랑 여 실장은 임대차를 비롯하여 아파트는 물론, 재개발 매매를 활발하게 추진하여 사무실을 운영하는 데 아무런 지장이 없었다.

중개업 2년 차 되던 해에 임대인으로부터 상가 매매를 할 예정이라는 소식을 들었다. 그리고 임대인은 이왕이면 P씨가 매수하였으면 좋겠다는 의견을 개진하였다. 중개업을 오픈하여 매월 순수익 1천만 원 이상 올리는 상가여서 P씨는 망설이지 않고 3억 원을 주고 상가를 매수하였다. 은행대출을 1억 5천만 원을 끼고, 나머지는 자기자본을 들여 매수하였다. P씨는 매월 170만 원의 월세가 지출되었으나, 이제는 월세에 대한 부담이 없어서 중개업을 더욱 안정적으로 운영하고 있다.

2004년경 노량진지역이 제2차 뉴타운 지역으로 지정되자 P씨는 부동산 중개업에서 새로운 전기를 맞게 되었다. 뉴타운이 돈이 된다고 하여 전국에서 투자자들이 많이 모여들었다. 투자자들이 찾는 부동산은 주로 투자 금액이 조금 들어가는 빌라 등 다세대 주택을 찾았다.

뉴타운 지역의 다세대주택은 전세라는 레버리지를 최대한 활용을 하면 적은 투자금액으로도 얼마든지 투자할 수 있고, 투자 수익을 최고로 낼 수 있어서 뉴타운 투자 제1순위로 인기를 끌었다.

P씨는 이러한 부동산 시장 흐름을 놓치지 않았다. 중개업은 중개업대로 영위하면서 뉴타운 지역의 다세대주택 급매물이 나오면 직접 매수하여 일정 기간이 지난 후 매도하는 전략을 구사하였다. P씨는 이러한 방법으로 그동안 다세대주택을 매매 한 건수만 하여도 매년 2회 이상 넘는다고 한다.

다세대주택 급매물의 좋은 점은 리스크가 없다는 점이다. 전세를 안고 투자 시 거액의 자금이 들어가지 않을 뿐 아니라 투자자에게 손쉽게 재매도할 수 있다.

최근에는 다세대주택 경매에만 전념하여 큰 수익을 올리고 있다. 다세대주택은 경락가격과 전세가격 차이가 나지 않아 무피 투자가 가능하다. 다세대주택 1채당 1천만 원을 투자하여 2년 후 전세금액이 상승하면 투자금액을 전액 회수할 수 있고, 필요시에 매매하여 차익을 쉽게 실현할 수 있다.

가령, 1천만 원을 투자하여 3천만 원의 수익을 낸다면 단기간에 연

300%의 수익을 올릴 수 있는 것이다. 초저금리 시대에 이만한 수익을 올리는 상품이 또 어디 있을까?

P씨는 한 장소에서 부동산중개업을 10년 이상 영위하여 단골이 많아 항상 고객들로 넘친다. 또한, 자기 사무실에서 월세 부담 없이 중개업을 하고 있어서 가장 이상적인 형태의 중개업을 영위하고 있다.

임대차 수입이 전체 수익의 60% 이상을 차지할 정도로 기본에 충실하고, 틈새시장으로 다세대주택 매매와 경매에 특별한 노하우를 갖고 있다.

필자가 제시하는 중개업으로 10억 벌기 목표는 이미 달성하였고, 새로운 목표를 위해 오늘도 중개업에 매진하고 있다.

✐ 중개업 성공 요인

- 사례분석
  - 임대차(원룸, 다세대주택)업무에 충실하고 아울러 부동산 매매를 부수적으로 적절히 수행하여 중개업소를 안정적으로 운영.
  - 베테랑 여 실장을 고용하여 부동산중개 기본(임대차·매매)업무를 탁월하게 수행.
  - 한 곳에서 10년 이상 중개업을 영위하여 단골손님 늘어 수익이 증대.
  - 월세 부담이 없는 자기 건물에서 영업을 하여 중개업을 안정적으로 수행.
  - 틈새시장, 즉 다세대주택을 상품으로 보유하여 연 2회 이상 매매차

익을 실현.
· 다세대주택 경매에 주력하여 무피 투자로 수익을 창출.

제3전략: 다세대주택, 원룸을 신축하라

중개업 시장은 전·월세, 단순 매매시장과 기타 틈새시장으로 다세대와 원룸신축과 경매, 토지시장을 들 수 있다. 매매와 임대차 시장은 수수료 수입에만 한정되기 때문에 부동산 시장이 어려울 경우 중개업소 운영에 많은 어려움을 겪을 수 있다. 이러한 것을 해소하기 위해서는 돈이 되는 틈새시장에 진입하여야 한다.

중개업을 영위하면서 1년에 1~2회 정도 다세대나 원룸을 신축 후 판매하면 1회당 2~3억 원 정도 순수입을 올릴 수 있다.

이러한 부동산 신축 판매 사업에 참여하려면 신축부지를 볼 줄 아는 안목을 갖추어야 한다.

신축판매 사업을 영위하려면 가격이 저렴한 토지를 확보하는 것이 가장 급선무이다. 서울 시내의 경우 토지가격이 평당 1,600만 원 이하면 타산이 맞는다. 대지 모양은 반듯하여 신축하기 좋아야 하고, 더욱이 판매를 위한 목적으로 신축하므로 북향에 4미터 이상 큰 도로를 끼고 있으면 사업성이 더욱 좋다.

이렇게 좋은 조건의 매물이 중개업소에 나온다면 대부분 중개업소에서는 고객을 상대로 매매에 주력하겠지만, 앞서 가는 공인중개사는 가설계를 뽑아 수지 타당성을 분석하여 직접 신축사업에 임할 것이다. 중개업소에서 자금이 부족하면 고객 중에 믿을 만한 사람을 선정하여 같이 시행하면 되고, 그래도 자금이 부족하면 토지를 담보로 하여 은행대출을 받거나 펀드형식으로 자금을 조성하여 시행하면 큰돈을 벌 수 있다.

작금의 주택시장 트렌드는 강소주택(强小住宅)이다.

큰 주택보다는 작으면서 실속 있는 주택을 선호한다. 대형 평수 아파트는 매매나 전세가 비싸서 소시민은 주거비용이 적게 들면서 생활하기 편리한 깨끗한 다세대주택을 선호한다. 특히, 신혼부부가 가장 선호하는 주택이 신축 다세대 주택이라고 한다. 이러한 추세를 고려할 때 당분간 다세대주택 신축판매업은 효기를 맡게 될 것이다. 원룸의 경우도 마찬가지다. 원룸은 다른 어느 부동산보다도 수익률이 가장 높다. 노후를 대비하여 가장 선호하는 수익형 부동산으로 중개업 틈새시장으로 안성맞춤사업이다.

문제는 관심이 부족하고 한번 도전해 보려는 의지가 없어서 그렇다. 돈을 벌기 위해 중개업을 시작하였으니, 새로운 틈새시장에 도전하여 하루빨리 성공하기를 바랄 뿐이다.

■ 다세대 및 다중주택 신축 시 유의할 사항

첫째, 주택 판매사업 성공의 지름길은 신축부지를 찾는 데 있다.

다세대주택이나 다중주택을 신축하여 판매하려면 수요가 많은 지역을 골라야 한다. 다중주택의 경우 주요 대학교 근처나 산업단지 주변, 그리고 역세권 위주로 범위를 정하여 대지를 찾는 것이 좋다. 다만, 대학교 근처는 이미 원룸이 많이 들어와 있어서 포화 상태이며, 최근에는 대학교에서 원룸 사업을 벌이고 있어서 원룸 사업으로 여건이 좋지 않다.

반면, 다세대주택은 수요가 무궁무진하다. 가격이 저렴하고 신축하기에 용이한 대지라면 사업을 해도 무방하다. 사실 대지라고 하여 모두 똑같은 대지가 아니다. 대지는 대지가 갖고 있는 용적률에 따라 원룸이나 다세대주택 신축 후 임대수익률과 자본수익에서 크게 차이를 나타낸다.

주택을 신축할 때 용적률이 높은 대지를 골라야 건축 연면적이 늘어나 수익성이 좋다. 주거2종 지역은 200%로 가장 낮고, 준주거나 준공업지역은 400%이며, 일반상업지역은 700%로 제일 높다. 다행히 준주거지역이나 준공업지역의 대지를 저렴한 가격에 찾으면 금상첨화다.
통상적으로 신축하는 원룸의 경우 주거 2종 지역의 경우 대지 규모 150제곱미터 규모 내외의 대지를 구입하여 신축을 하는 것이 좋고, 다세대는 대지면적 230제곱미터 (70평 내외) 규모가 가장 이상적이다.

대지 모양은 신축하기에 좋은 반듯한 대지여야 한다. 특히, 대지가 북향이면서 4미터 이상의 도로를 끼고 있으면 일조권 사선의 영향을 덜 받게 된다. 가급적 이러한 대지를 골라야 임대수익률이 높고 매매

차익을 크게 볼 수 있다.

둘째, 가설계하여 타당성 검토 후 대지를 매수하라.
일반적으로 역세권 지역의 좋은 대지를 찾는다는 것이 쉽지가 않다. 요즘은 원룸과 다세대 신축판매 사업이 좋다고 하니, 너나 할 것 없이 뛰어들어 신축할 대지 찾기가 하늘의 별 따기나 다름없다. 대지를 찾게 되면 우선 설계사무소에 가설계를 의뢰하여 수지 타당성 분석 후 대지 매수에 들어가야 한다.

단독 구옥을 매수하여 신축하려고 할 때에는 살고 있는 세입자 명도가 가장 중요한 문제로 대두될 수 있다. 가급적 매매계약 특약내용에 매도인이 잔금 납부 시까지 현 세입자를 매도인이 내보내는 조건으로 계약하여 신축을 원활하게 하여야 한다.

셋째, 예상 수지 분석을 하여 수익률을 검토하라.

〈총투자비용 검토〉

서울 시내의 경우 토지취득비용은 제곱미터 당 1,600만 원 내외로 구입하여야 수지가 맞는다. 건축비용은 제곱미터 당 400만 원에서 450만 원이 소요되며 기타 제 비용은 토지와 건축비의 약 5%를 잡으면 된다.

〈수익률 검토〉

일반적으로 원룸사업을 하여 투자금액 대비 최소한 연 6% 정도는 나와야 평균 수익률에 이른다. 대지구입금액을 1,600만 원 정도 예상하고 건축비용을 평당 450만 원을 예상하여 다세대주택을 신축 시 보통 순 이익금은 2억~3억 원 정도로 보면 된다.

넷째, 다중주택 신축 시 불법을 하여서는 안 된다.
일반인들이 통상적으로 다가구주택에 대하여는 잘 알지만, 다중주택에 대하여는 잘 모른다. 다중주택은 독립된 주거형태가 아니다. 그래서 개별 취사를 할 수 있는 주방 형태를 갖추면 독립된 주거형태로 보기 때문에 공동취사장을 갖추어야 한다.
현실적으로는 난방용 도시가스배관을 취사시설로 연결하거나 전기 쿡탑을 설치하고 있다. 일반적으로 건축인·허가 시에는 공공취사장이 설계된 대로 허가를 받아 준공검사 뒤 취사시설을 설치한다. 구청 단속에 걸리면 시정조치가 내려지고 일정한 기간이 지나도록 원상복구를 하지 않으면 이행 강제금이 부과된다.

다섯째, 지역 특성을 고려하여 원룸과 다세대 크기를 정하라.
다중주택의 신축 목적은 수익률을 높여 이익을 창출하는 데 있다. 그러기 위해서는 설계, 즉 평면계획을 잘 짜야 한다. 평면계획에 따라 임대료가 높아지고 임차인이 선호하는 원룸이 설계되기 때문에 사전에 수요를 조사하여 신축하여야 한다.

지역에 따라 다르겠지만 4평 규모의 원룸을 선호하는 지역이 있는가 하면 어떤 지역은 1.5룸을 선호하는 지역이 있어서 이점을 착안하여야 한다. 특히, 전세와 월세의 비중을 어떻게 할 것인지 예측하여 설계하여야 한다.

이러한 것을 고려하지 않고 신축하면 임대를 맞추는 데 애로를 먹는다. 소형 원룸이 그동안 많이 공급되어 경쟁력 측면에서는 1.5룸이 앞으로 큰 대세로 될 것으로 여겨진다.

다세대주택도 마찬가지다. 최근에는 방 3개보다는 신혼부부들이 방 2개를 선호하기 때문에 전용면적 14평 내외의 다세대주택을 신축하면 쉽게 매매하여 수익을 실현할 수 있다.

여섯째, 시공을 잘하는 업체를 선정하라.

다중주택이나 다세대주택 준공 후 결루가 생기거나 누수가 발생하는 하자가 발생하면 많은 애로를 겪는다. 이러한 하자를 사전에 예방하려면 설계대로 시공을 제대로 하여야 한다. 특히, 주택의 내구성을 높이기 위해서는 단열재를 제대로 사용하여야 한다. 통상적으로 풀옵션 원룸으로 신축 시 3.3제곱미터 당 시공비를 400만 원 이상 들여야 경쟁력을 갖춘다.

일곱째, 본인의 성향에 맞는 투자를 하라.

다중주택을 신축하여 월세를 목적으로 한다면 서울 시내보다는 지방대학, 산업단지 주변에 신축하는 것이 수익률 측면에서 유리하다.

그렇지 않고 시세차익과 월세수입을 노리려면 서울 시내 역세권 지역이나 대학교 근처가 좋다.

 제4전략: 경매에 참여하라

중개업계에 공인중개사란 전문자격증 제도가 시행한 지 30년이 지났다.

지금에서야 법적으로 공인중개사가 소정의 교육을 이수하고 보증보험에 가입하는 요건으로 '매수신청대리' 자격을 부여하고 있다. 매수신청 자격이 있는 공인중개사는 부동산 경매 물건에 대하여

첫째, 법률적, 경제적 분석을 하여
둘째, 매수신청대리 확인 설명서와 공제(보험)증서, 그리고 공부서류를 발급받아 의뢰인에게 제공하면
셋째, 상담 및 권리분석수수료를 50만 원 내외에서 받을 수 있고,
넷째, 매각허가 결정이 확정되어 매수인으로 된 경우에는 감정가격의 1% 범위 안에서 수수료를 받을 수 있다.

그렇지만 현실적으로 이렇게 좋은 제도가 있음에도, 대부분 중개업자가 활용을 하지 않고 있다. 더욱이 중개업자 관내에 경매매물이 나와도 잘 알지도 못하고 고객이 경매요청을 하여도 경험부족으로 이를 외면하고 있는 실정이다.

경매는 다른 매물과 달리 물건 경쟁이 없고 오로지 유일한 매수자

시장이다.

그러기에 남들이 복잡하여 외면하는 유치권이 있거나 권리관계가 복잡한 매물을 잘 분석하여 참가한다면 숨겨진 보물을 찾는 것과 같다.

고객의 의뢰로 경매시장에 참여하여 고객으로부터 수수료 수입을 올릴 수 있고, 직접 참여하여 수익창출을 기대하여 볼 수 있는 틈새시장이기 때문이다.

경매시장에서 아파트의 경우 경매학원을 갓 졸업한 주부들로 북적거린 지 오래되었다. 그러다 보니 아파트 낙찰가격은 경매 감정가격의 95% 이상으로 아파트를 경락받아 수익을 내기가 아주 힘든 시장이 되었다. 아파트 경매시장보다는 개발행위가 가능한 상업지역 일부 대지나 준주거지역이나 준공업지역에서 원룸이나 다세대주택으로 개발이 가능한 경매물건을 찾아 나선다면 많은 수익을 기대할 수 있다고 본다.

특히, 월세 시대를 맞이하여 모든 투자자가 수익형 부동산에 올인하고 있다. 이러한 때에 임대수익과 양도차익이 가능한 경매물건을 찾는다면 많은 가치를 창출할 수 있다.

중개업을 하면서 경매 참가는 그 회수를 제한할 수 없다. 물건이 좋으면 언제든지 참여하여 낙찰받는 것이 수익창출의 원동력이 된다.

그러기 위해서는 경매강의도 참석하고 경매정보지를 주기적으로 구독하여 지식을 습득하여야 한다. 대상물건의 현지 확인은 필수이며, 전문가로서 소양을 함양하고 투자군을 형성하여 활용할 때 일거양득의 효과를 볼 수 있다.

초보 중개업자에게 알맞은 경매물건으로는 아파트나 다세대, 그리고 오피스텔과 같은 집합건물이 좋다. 특히, 최근에는 전세금의 급등으로 소형 아파트나 빌라를 경매 받아 전세로 놓을 시 단기간에 투자금액을 전부 회수할 수 있다. 이러한 무피 투자는 수익률로 환산 시 최고의 투자 수익률을 시현하고 있어서 전세 품귀 현상이 지속되는 한 가장 인기 있는 투자방법으로 자리매김할 것이다.

■ 공인중개사 매수신청 대리인 등록 등에 관한 주요 내용

(1) 매수신청대리권의 범위
- 민사집행법 제113조의 규정에 따른 매수신청 보증의 제공
- 입찰표의 작성 및 제출
- 민사집행법 114조 규정에 따른 차순위 매수신고
- 민사집행법 140조 규정의 공유자의 우선 매수신고

(2) 매수신청대리의 대상물
- 토지
- 건물 그 밖의 토지의 정착물
- 입목
- 광업재단, 공장재단 등

(3) 매수신청 대리인 등록 신청

매수신청 대리인 등록신청서에 다음 서류를 첨부하여 공인중개사가 있는 지방법원에 신청하여야 한다.

- 공인중개사 자격증 사본. 중개사무소 등록증 사본, 실무교육 이수증 사본, 반명함판 사진 2매, 공제증서 사본

(4) 실무교육

매수신청 대리인 등록을 하고자 하는 자는 등록 신청일 전 1년 이내에 법원 행정처장이 정하는 교육기관에서 32시간 이상 44시간 이내에서 실무교육을 받아야 한다.

(5) 손해배상 책임의 보장

매수신청 대리인이 된 중개업자는 고의 또는 과실로 인하여 위임인에게 재산상 손해를 배상하기 위하여 보증보험 또는 협회의 공제에 가입하거나 공탁을 하여야 함.

(6) 매수신청대리 대상물의 확인, 설명

중개업자는 매수신청대리 대상물의 권리관계, 경제적 가치, 매수인이 부담하여야 할 사항 등에 대하여 위임인에게 성실, 정확하게 설명하고 등기부등본 등 근거자료를 제시하여야 한다.

중개업자가 위임계약을 체결한 경우 확인·설명 사항을 서면으로 작성하여 교부하고, 그 사본을 5년간 보관하여야 한다.

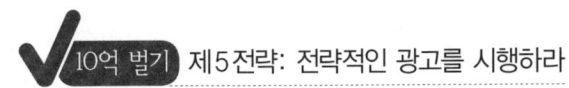

제5전략: 전략적인 광고를 시행하라

어느 중개업소는 광고비용을 한 푼도 쓰지 않는다고 한다. 이유인즉, 광고비가 너무 아까워서 그렇다. 이건 한참 잘못된 생각이다. 요즘 추세는 고객이 우선 컴퓨터나 스마트폰으로 사전 검색하여 찾아오기 때문에 광고를 외면하고 중개업을 영위한다는 것은 망할 날만 기다리는 것과 다름없다.

네이버나 다음 사이트는 물론이고, 원룸사이트도 전략적으로 광고하는 것이 효과적이다. 광고를 통하여 한 달에 매매 한 건만 한다고 가정하여도 1년 광고비를 충당하고도 남기 때문에 광고의 중요성을 아무리 강조하여도 지나치지 않다.

카페나 블로그를 통하여 실시되는 광고는 고객에게 다양한 내용을 세밀하게 설명할 수 있어서 좋다. 트위터나 페이스북 등 SNS를 통한 마케팅 기법을 도입하면 카페와 블로그가 유기적으로 결합하여 종합적인 광고효과를 거둘 수 있다.

최근에는 전·월세(오피스텔, 원룸, 투룸) 물건 정보만 다루는 스마트폰 전문 애플리케이션이 개발되어 발 빠른 중개업소에서는 이미 많이 이용하고 있다. 이 애플리케이션의 좋은 점은 중개업소의 기존 광고비

용보다는 저렴하여 부담 없이 이용할 수 있다는 점이다. 오피스텔, 원룸을 구하는 20~30대를 집중 타깃으로 하고 있다.

소셜네트워크를 통하여 젊은 층에게 쉽게 접근할 수 있어 젊은이를 위한 임대차시장의 새로운 중개업소 광고 전략으로 부각되고 있다.

■ 중개업소 매출을 신장시키기 위한 광고의 종류

첫째, 일상적인 광고

명함작업, 카페 등 블로그 광고, 현수막 광고, 아파트 부녀회·동 대표 회의 광고 등을 들 수 있다. 이러한 광고는 한 번에 끝낼 것이 아니라, 주기적으로 지속해서 하여야 광고 효과를 볼 수 있다.

특히, 명함작업은 중개업소 주변 모든 중개 대상물을 상대로 주 1회 정도는 반드시 하여야 한다. 명함 작업도 중개업소끼리 경쟁이 치열하기 때문에 지속적·계속적으로 하지 않으면 광고효과가 떨어진다.

둘째, 중개협회 광고

중개협회 회원으로 등록된 중개업소는 무상으로 이용할 수 있다.

특히, 중개매물을 올리면 실시간으로 네이버 노출 광고가 되기 때문에 아주 유용하다. 매월 올릴 수 있는 네이버와 다음 사이트 광고는 각각 15건으로 제한되어 있어서 이를 효과적으로 활용하여야 한다.

셋째, 원룸 광고

원룸 수요가 가장 많은 때는 취직시험과 직장인 인사이동이 많은 봄과 가을철이다. 이러한 때에 원룸 광고를 전문으로 하는 직방이나 다방 광고를 활용하여야 한다. 이러한 시기가 지나면 원룸수요가 많지 않아 직방이나 다방 광고를 하여도 효과를 크게 보지 못한다. 왜냐하면, 원룸 수요가 지난 후에는 직방과 다방 광고 경쟁이 치열하여 실제로 고객과 연결되기가 쉽지 않다.

넷째, 네이버 등 포털사이트 광고

중개업소에서 가장 신경을 써서 해야 할 광고가 포털사이트 광고다. 포털사이트 광고는 옛날과 달리 진성매물만 올릴 수 있다. 그러므로 포털사이트 광고는 고객들이 신뢰하여 찾기 때문에 광고 효과가 가장 높다.

이러한 포털사이트 광고는 소비자의 취향에 맞게 임기응변으로 노출 광고를 하여야 한다. 가령, 소형아파트 매물이 귀하고 아파트 전세가 품귀한 시장에서는 다른 상품보다는 소비자가 찾는 이러한 상품에 집중하여 광고하여야 효과를 100% 볼 수 있다.

■ 중개업소 광고의 종류

종 류	특 징	비 고
명함 작업	·중개업소에서 세부 계획을 수립하여 정기적으로 시행. ·단독 주택지나 아파트, 상가 밀집지역에서 시행하면 효과적임.	
카페 등 블로그 광고	·불특정 다수에게 중개업소 매물을 광고 가능. ·과당 경쟁을 하는 단점이 있다.	
포털광고 (네이버 등)	·유명 포털사이트에 노출되어 광고효과가 가장 크다. ·1건당 30일 동안 노출되어 비용이 많이 소요. ·진성매물만 광고되기 때문에 고객의 신뢰가 크다.	
애플리케이션 광고	·젊은이들이 쉽게 접근할 수 있어서 원룸 광고에 유리. ·경쟁이 심하여 광고 효과를 크게 기대 못하는 단점이 있음.	
현수막 광고	·특정물건을 광고할 때 필요하며 단기간 광고 시 효과가 좋음.	
Rtn 등 공중파 광고	·광고효과가 가장 큼. ·광고비용이 과다 지출.	
중개 협회 사이트 광고	·큰 비용을 들이지 않고 포털사이트 노출 광고 가능. ·월 15건을 네이버, 다음 사이트 등에 노출할 수 있어서 효과가 좋음.	
아파트 부녀회, 동 대표 회의 광고	·단독으로 광고 시 효과가 크다. ·지속적으로 몇 년에 걸쳐서 광고하여야 효과 볼 수 있음.	

■ 포털사이트 광고사례

서울 당산동에서 중개업을 10년째 운영하고 있는 L씨(55세, 남).

L씨는 역세권을 끼고 있는 유동인구가 많은 점포에서 아파트를 비롯하여 원룸, 다가구, 다세대주택, 상가 등 다양한 매물을 취급하여 매월 1,500만 원 이상의 수수료 매출을 올리고 있다.

찾아오는 고객이 많아 중개업소를 영위하는 데 큰 문제가 없었지만 한 가지 단점을 찾는다면 광고에 대한 매우 부정적인 시각을 갖고 있었다.

L씨는 광고는 비용을 들인 만큼 효과를 발휘하지 못하여 결국 비용만 지출하게 된다는 것이 그의 지론이다.

사실 광고는 당장 그 효과가 나타나지 않을 수도 있다. 그렇지만 전반적인 부동산 중개업 흐름에 순응하고 지속적인 발전을 위해서는 반드시 필요한 것이 광고다.

필자가 우연히 L씨에게 "포털사이트 광고를 한 번 하시지요?" 하였더니,

"역세권에 위치하여 찾아오는 손님이 많아 광고할 필요 없습니다."라고 답변을 하였다. " 광고를 하지 않으면 다른 중개업소에 매물을 모두 뺏길 텐데요." 하며 충고의 말을 건넸다.

그러던 어느 날, 부동산 포털사이트 광고 담당 직원이 찾아왔다. 광

고 회사 직원의 끈질긴 강요로 "그럼 시범적으로 광고비가 최저로 들어가는 상품으로 우선 광고해 봅시다." 하였다. L씨는 네이버 광고 70건을 올릴 수 있는 상품을 선택하였다. 광고 계약 후 광고비 24만 원을 지불하고 중개업소 오픈 이래 최초로 포털사이트 광고를 시작하였다.

70건을 한 번에 모두 네이버에 올리는 것보다는 전략적인 상품으로 광고를 시행하고, 그 성과에 따라서 물량을 늘려가기로 하였다.

L씨는 소형 아파트 시장이 호황을 맞고 있어서 소형 아파트 위주로 매물을 올렸다. 다른 중개업소보다는 한곳에서 오랫동안 부동산을 운영하여 매물을 많이 보유한 L씨는 부동산 중개업에서 큰 전환기를 맞게 되었다.

소형 아파트 매물 5건을 포털사이트에 올려 광고 첫 달에 4건 매매가 성사되었다. 24만 원의 광고비를 들여 한 달 만에 960만 원(3억 원의 아파트 4채 수수료)의 수수료 매출을 올렸다.

예상했던 것보다 광고효과가 매우 크고, 광고를 통하여 중개업소 매물을 빨리 소진할 수 있다는 확신을 갖게 된 L씨는 '광고 없는 중개업은 우물 안의 개구리'라고 하면서 현재는 광고 마니아가 되었다.

결론적으로 상기 전략 1~5항에 의거 공인중개사가 중개업을 적극적으로 영위한다면 임대차수수료 수입으로 매월 1,000만 원은 거뜬히 올릴 수 있고, 매매를 통하여서도 매월 1,000만 원 정도는 무난히 달성할 수 있다.

또한, 매년 1회 정도 빌라나 원룸을 신축하여 큰돈을 만질 수 있고,

틈새시장 공략으로 경매에 참가하여 부가적인 수익을 창출한다면 필자가 제시하는 '중개업으로 10억 벌기 프로젝트의 꿈'은 빠른 시일 내에 달성하리라 믿는다.

이렇게 하여 집토끼(임대차, 매매시장) 시장에서 매월 2,000만 원은 정도의 매출을 올리고, 산토끼(신축판매, 경매 등 틈새시장) 시장에서 년 1~2회 정도 대박을 터트린다면 소정의 목표는 조기에 달성되리라 확신한다.

1-2 스피드로 승부하라

🏠 시속 486km로 달려 세계 최고기록을 세운 중국 고속열차가 이번에는 574.8km에 도전하여 프랑스 TGV가 세운 기록을 앞서게 된다는 보도가 있었다. 스피드 경쟁에서 한발 앞서 가는 중국 고속열차의 한 모습을 엿볼 수 있다.

주문 후 30분이 넘으면 일정액을 할인, 45분이 넘으면 무료피자를 제공하여 '30분 배달제도'를 시행하였던 도미노피자의 경우 30분 이내에 배달을 강조하는 것은 단순히 고객에게 신속한 서비스를 제공하는 차원을 넘어 바쁜 현대인에게 '스피드 경영전략'을 내세워 고객에게 '신속한 서비스를 제공하고 최상의 피자의 맛을 전달'하기 위한 '스피드 전략'으로 큰 호응을 얻었다고 한다.

한편 유통업계의 세계 최고의 대형마트 운영 노하우를 가진 월마트가 한국에서 실패한 가장 큰 원인은 의사 결정이 스피드에서 뒤쳐졌기 때문이라고 한다.

부동산중개업 시장도 마찬가지다. 빠른 스피드로 승부를 걸어야 한다. 고객이 매물을 팔아 달라고 부동산에 내놓을 때는 원하는 가격으로 가장 빠른 시간에 매물을 팔아주길 바라고 있다. 그러기 위해서는 거기에 맞는 새로운 전략을 세워 대응하지 않으면 매물은 금방 사라지고 고객은 저 멀리 달아나고 말 것이다.

스피드 경영 못지않게 고객의 대응도 변화무쌍하리만큼 빠르기 때문에 이에 대한 대응 전략을 세우지 않으면 살아남기 어렵다고 본다.

가령 한 고객이 매물을 부동산 한곳에 팔아 달라고 내놓고서 그 부동산에서 별다른 관심을 보이지 않는다면 고객은 즉시 다른 부동산에 매물을 던지고 심지어는 직거래 사이트나 포털 사이트에 직접 매물을 올려 자신이 빨리 팔려고 할 것이다.

부동산에서 고객의 매물을 스피드로 승부하려면 부동산에서 내세우는 새로운 전략을 수립하여 추진하여야 한다.

첫째, 가격 경쟁력을 갖추어라.
부동산을 포함하여 모든 상품이 가격 경쟁력을 가질 때 쉽게 잘 팔린다.
부동산 경기가 아무리 불황이라 해도 정상 가격대비 아주 싼 매물은 쉽게 현금화가 잘 되기 때문에 가격 경쟁력의 중요성은 아무리 강조해도 지나치지 않다. 가격 경쟁에서 우위를 점할 때 같은 조건의 상품이라면 우선 팔릴 수 있는 경쟁력이 생기기 때문이다.

 가격경쟁력 있는 상품을 보유하기 위해서는 고객응대를 잘하여 매물을 가장 저렴하게 받는 게 최상의 방법이다.

 가령 서울에 있는 매물을 대전에서 거주하고 있는 고객이 전화로 물건을 부동산에 내놓을 때는 서울 현지 사정을 잘 알 수 없으므로 현재 거래되고 있는 시세보다 훨씬 낮은 가격으로 받는 지혜가 필요하다. 그래야 손쉽게 팔 수 있고 팔린 후 고객으로부터 수수료도 잘 받을 수 있다.

 반면에 고객이 모든 중개업소를 다니면서 가격을 확실히 알고 내놓는 경우, 고객이 제시하는 가격으로 매물을 받아야 한다. 내놓는 가격이 시세보다 많이 높더라도 매물 확보차원에서 그냥 고객이 내놓는 가격으로 매물을 접수하여야 한다. 그렇지 않고 중개업소에서 고객응대 시 부동산 가격을 낮게 제시할 경우 "옆집 흥부 부동산에서는 ○○ 이상 받아 준다고 하였는데…" 하며 가격을 후려치는 것으로 판단할 수 있으므로 매우 조심스럽게 응대하여 받아야 한다.

 한편 '대세 상승기 시장'에서는 부동산 경기가 활성화되어 부동산을 찾는 고객이 많지만, 매물이 많지 않은 시장으로, 고객이 제시하는 가격대로 매물을 접수하여야 한다. 반면, 주택경기가 불황 시의 '대세 하락기 시장'에서는 팔고자 하는 매물이 쌓이기 때문에 급매물성 매물이 많이 나올 수 있다. 고객이 급한 사정이 있을 때에는 매물 접수 시에 응대를 잘하여 더 저렴한 가격으로 물건을 받아 가격 경쟁력을 갖추는 것이 스피드 경영전략에 부합하는 길이다.

둘째, 질 좋은 상품을 많이 확보하라.
질 좋은 상품이란 입지가 좋으면서 수익률이 잘 나와 경쟁력을 갖춘 상품을 말한다. 이러한 상품을 많이 보유할수록 경쟁에서 이길 수 있다. 아무리 찾아오는 손님이 많다고 하여도 질 좋은 상품이 준비되어 있지 않다면 중개업소 경쟁력은 떨어질 수밖에 없다.

그러기 위해서는 매물 보유자와 유대를 강화하여 전속중개계약을 체결하여 상품으로 보유하는 것이 확실한 나의 매물인 것이다.

현업에서 전속중개계약을 맺는 것이 쉽지는 않다. 그렇지만 한번 전속계약을 맺어 놓으면 부동산으로서는 빨리 매도하려는 의무감에 적극적으로 노력하여 책임중개를 기할 수 있고 매물소유자는 부동산으로부터 정기적으로 부동산 동향과 업무처리상황을 보고받는 등 특별한 대우를 받을 수 있어서 서로에게 윈윈(win-win) 할 수 있다. 전속중개 활성화는 부동산 유통시장의 근대화와 전문화를 기할 수 있어서 하루빨리 정착되어야 한다.

셋째, 팔기 쉬운 매물로 디자인하라.
서울시내에서 대지 100평 규모의 다가구 주택이 매물로 중개업소에 나온다면, 이러한 매물은 가격대가 최소한 15억이 넘는다.

　아무리 서울이라 해도 15억이 넘는 단독 주택을 매수하는 고객이 흔치는 않다. 중개업소에서 매수고객을 마냥 기다리고 앉아 있다면 언제 팔릴지 기약할 수 없다.

　이렇게 덩어리가 큰 매물은 팔리기 쉽게 소형으로 재포장하여야 한다. 다시 말해, 다세대주택이나 원룸으로 신축하여 팔면 가격도 더 받을 수 있고 쉽게 매매할 수 있기 때문이다.

　또한, 전세가 잘 나가지 않는 오래된 다세대주택을 포장을 잘하면 쉽게 나갈 수 있다. 소비자의 취향에 맞게 조금만 수리하면 된다. 거실과 방은 산뜻한 도배를 하여 포인트를 주고 낡은 문틀과 방문에 대하여는 하얀 페인트를 칠하고, 오래된 형광등은 LED로 교체하여 분위기를 바꾸고 싱크대를 새로 교체한다면 품질에서 경쟁력을 갖추게 되는 것이다. 최소비용을 투입하여 전세금액을 더 올려받을 수 있고 스피드하게 매물을 소진할 수 있어서 좋다.

　실무에서는 이런 경우도 많이 있다.
　매도인이 집을 팔아야 하는데 전세입자가 들어 있어서 잘 팔리지 않을 때는 우선 세입자를 돈을 주어 내보내고 집을 산뜻하게 수리하여 비워 놓은 상태에서 매매를 진행하면 입주하려는 매수인 상대로 쉽게 매매를 진행할 수가 있다.

넷째, 인터넷 마케팅을 활성화하라.

질 좋고 값싼 매물을 아무리 많이 보유하고 있어도 이를 판매하지 못하면 무용지물이다. 그러기 위해서는 판매 전략을 잘 세워야 한다.

지금의 중개시장 판매방식은 크게 두 가지로 대별 할 수 있다. 방문고객을 대상으로 하는 전통적 중개방식과 인터넷이라는 망망대해(茫茫大海)에서 무한한 고객을 상대로 펼치는 새로운 고객유치 전략, 인터넷마케팅이 있다.

카페나, 블로그, SNS, 주요포털사이트를 통한 고객 유치가 이제는 부동산 중개업의 일부가 아닌 전부가 되어 버릴 정도로 큰 자리를 차지하였다.

스피드 경영에 부합하기 위해서는 새로운 시대에 맞는 인터넷 판매 기법을 개발하여 적극 대응하여야 한다.

1-3 틈새시장을 개척하라

🏠 모든 시장이 연령별, 상품별, 지역별로 세분화되고 있다.

이렇게 세분화된 시장을 대상으로 마케팅을 하는 시장을 소위 틈새시장(Niche marketing)이라 한다. 대중 소비시대에는 고객의 평균적 욕구를 지향하여 이에 맞는 상품과 광고, 판촉에 의하여 팔리는 매스 마케팅이 주류를 이루었다.

지금은 이러한 대중 소비시대가 서서히 붕괴하고 있지만, 더욱 치열해진 세분화된 시장에 관심을 두고 제품개발과 판촉에 힘쓰는 블루오션 즉, 니치 마케팅 시장이 활성화되고 있다. 여기서 말하는 니치 마케팅은 틈새시장, 시장세분화 등 다양한 용어로 대변되며 그 목표는 작은 시장에 포커스를 맞추고 있다.

부동산 중개업 시장도 타 중개업소가 서비스하지 못하는 영역을 개척하여 차별화된 서비스로 고객을 공략하여 불황에도 영업을 배가시키는 중개업소가 늘고 있다. 그 예로서, 최근 서울을 비롯하여 대도시에서 30대 초반 젊은이들이 작은 사무실을 얻어놓고 역세권시장을 목표로 원룸만을 취급하여 큰 성과를 내는 중개업소가 있고, 중개업 불황이 계속되자 이삿짐센터, 도배, 꽃집, 인테리어 등을 겸업하여 수익을 올리는 업체도 늘어나는 추세다.

이처럼 모든 기업이나 중개업소들이 니치시장에 목표를 두고 마케팅에 열을 올리고 있는 것은 이러한 시장이 기존의 시장보다 더 많은 수익을 올릴 수 있어서 차별화된 서비스와 상품으로 고객의 니즈를 충족시키려고 노력하고 있다.

■ 중개업소에 적합한 틈새시장

부동산 중개업소에서 주종을 이루고 있는 사업은 단순매매와 임대차이다.

이러한 단순매매와 임대차 시장의 한계를 극복하기 위해서는 자기 업소 특성에 맞는 틈새시장을 개척하여 활로를 찾을 때 부동산 중개업소를 안정적으로 꾸려 나갈 수 있다고 본다.

중개업소에서 가능한 틈새시장으로는,
    재개발 예정지에 도시형생활주택(1, 2인용)을 신축하여, 아파트를 분양받을 목적으로 구입하려는 고객을 대상으로 하는 주택 신축판매사업.
    중개업소에서 경매매수신청대리를 신청하여 경매를 통하여 싼

값으로 부동산을 구입하려는 고객을 대상으로 하는 경매 대행 사업.

1, 2인 핵가족의 증가로 폭발적으로 늘어나는 원룸수요에 대응하기 위한 원룸 신축 판매사업.

겸업을 통한 수익창출 사업(이삿짐센터, 도배, 싱크대교체, 꽃집 등).

원룸, 다세대 신축 컨설팅사업(노후 대비하여 원룸이나 다세대를 신축하려는 계층을 위한 주택신축 컨설팅).

도시형생활주택, 오피스텔 등 분양대행 사업.

NPL(부실채권) 경매 대리 참가.

전철역 주변 원룸, 오피스텔, 도시형생활주택 취급 전문점.

주택 임대관리 사업.

아파트형 공장, 모텔, 학원 등 특화된 중개업무.

⑪ 주택, 빌딩 유지관리 사업.

■ 도시형 생활주택 신축 판매사업 성공 사례

서울 용산구 한강로에서 10년 이상 중개업을 영위하고 있는 어느 공인중개사.

그는 속칭 미래의 강남이라 칭하는 용산에서 매매와 임대차 위주의 전통적 방식 중개업을 하던 중 2008년 미국의 서브프라임모기지 사태 이후 급격히 위축된 부동산시장에서 살아남기 위해서 평소 관심을 두고 있던 틈새시장으로 다세대 신축판매 사업에 뛰어들었다.

이러한 위축된 시장에서도 재개발지의 소규모 다세대 주택은 잘 팔리는 틈새시장임을 알고서 여기에 초점을 두고 사업을 시작하였다.
그리하여 소위 부동산의 블루오션이라 칭하는 재개발예정지를 찾아 나섰다.
다행히 여기저기 발품을 판 결과 서울 영등포구 신길동에서 역세권개발을 추진한다는 소문을 입수하여 그곳에서 대지 80평 규모의 단독주택을 평당 1,000만 원을 주고 싸게 매수하였다.

단독주택을 매수할 때만 하여도 재개발이 확정되기 전이라 건축행위제한이 없어서 영등포구청에 신축허가를 쉽게 받아낼 수 있었다. 다행히 신축을 시작한 지 3개월이 지난 후 가칭 신길 역세권 개발추진위원회에서 70%의 주민 동의서를 받아 서울시에 주민제안사업으로 동 사업을 접수하여 역세권 개발 사업을 할 수 있는 토대를 마련하게 되었다.

이 공인중개사는 신축 후 3개월이 지난 시점부터 선 분양을 시작하여 건축비 일부를 충당하였고, 특히 준공 후에는 판매 전략으로 부동산전문방송(RTN)에 출연하여 역세권개발 사업의 이점, 즉 용적률이 500%라는 점을 부각시켜 방송출연 후 2달 만에 모두 판매하는 진기록을 세웠다.

이 사업을 통하여 투자자에게 투자이익을 돌려주고 3억 원이란 거금을 6개월 만에 벌 수 있었다. 이 사업의 성공 요인을 보면 사업 초기에 해당하는 재개발예정지(역세권개발)를 발굴하여 건축허가를 받아냈고, 신축 대지를 시가보다 저렴하게 구입하였으며 특히, 부동산전문방송(RTN)에 출연하여 광고를 전략적으로 시행 한 점을 들 수 있다.

이 중개업소는 기존 임대차와 단순매매시장에서 탈피하여 틈새시장이란 새로운 시장을 개척하여 첫 사업을 성공적으로 수행한 결과 단골고객과 신규고객이 현저하게 증가하였다. 또한, 다세대 신축사업을 지속적으로 수행할 수 있는 토대를 마련하여 중개업소 수익이 배가 되는 등 틈새시장 위력을 다시 한 번 실감하게 되었다.

✐ 틈새시장 개척 후의 중개업소 변화된 모습

- ·신상품 개발(주택신축 판매사업)
- ·전략광고 시행(RTN 방송)
- ·직원 충원
- ·업무영역확대

⇒ 상품, 서비스개선
→ 고객 만족
→ 단골고객 증대
→ 매출증대/수익개선
→ 반복구매/신규고객증가

1-4 임대차로 대박 나기

🏠 1897년 이탈리아 경제학자 빌프레토 파레토에 의해 발견된 8대2 법칙이란 것이 있다. 이 8대2 법칙은 인간사의 여러 분야에 적용된다.

우리 사회의 20%가 전체 80%의 돈을 가지고 있고, 20% 근로자가 80%이 일을 하며 20%의 소비자가 전체 매출액의 80%를 차지한다고 한다.

이 원칙은 기업에도 일반적으로 적용되어 20%의 판매직원이 80%의 매출을 올린다고 한다. 부동산 중개업소도 예외 없이 이 원칙이 적용된다고 말할 수 있다.

부동산 중개업소 중, 20%만이 불황에도 항상 견디며 수익을 많이 창출하며 대박을 터트린다고 한다. 나머지 80%는 적자에 허덕이거나 경영상태가 좋지 않아 전업을 고려하거나 폐업을 한다는 통계가 있다.

서울 신길동에 있는 허름한 주먹고기 집은 항상 손님이 바글바글하여 늘 자리가 없다. 바로 대박 나는 음식점이다. 반면 옆집 고깃집은 파리가 날아다닐 정도로 한산하다. 한편 인근 매운 짬뽕집은 항상 손님이 줄을 서서 기다리고 있어서 20~30분을 늘 기다려야 차례가 돌아온다고 한다. 이 음식점 역시 대박 나는 음식점이다.

이 음식점들의 대박 나는 특징을 살펴보면 나름대로 그럴만한 이유가 있다. 소비자에게 맛으로 승부를 걸기 때문에 늘 손님으로 넘쳐나는 것이다. 비록 음식점이 깨끗하지 않고 비좁더라도 고객들은 맛을 보고 먼 곳에서도 찾아오기 때문에 대박을 낸다.

중개업소가 대박을 터뜨리려면 여러 가지 요소가 유기적으로 결합하여야 한다.
그래서 부동산 중개업을 '부동산 종합예술의 결정체'라고 말하는 사람도 있다.
좋은 매물을 늘 확보하여 고객에게 광고하고 찾아온 고객을 설득하여 계약을 체결하고 사후관리에 이르기까지 어느 하나라도 무시할 수가 없다.

서울 신도림에 소재하고 있는 어느 오피스텔 빌딩에는 4개의 중개업소가 있다.
이곳에는 A, B, C, D 중개업소가 있지만, C 중개업소만이 차별화된 영업전략을 구사하여 임대차 수입으로 매월 2천만 원 이상 매출을 올리고 있다. 이 임대차 중개수수료 수입은 전체 수입액의 80%를 차지하여 임대차 위주의 영업이 얼마나 중요한가를 잘 보여주고 있다.

■ 임대차 위주 영업으로 대박 나려면

상기에서 언급한 신도림의 중개업소에서 임대차로 대박 내는 방법을 살펴보면 다음과 같은 특징을 지니고 있다.

① 24시 영업활동

은행 365코너의 경우 고객이 24시간 아무 때나 자유롭게 은행을 이용할 수 있다. 그런 결과 은행 문을 닫아도 365코너를 이용하여 고객들은 은행 이용의 불편함을 전혀 느끼지 못한다고 한다.

이 중개업소 역시 이 제도와 비슷한 시스템을 도입하여 24시간 영업을 하여 고객을 유치하고 있다.

이 중개업소는 365일 하루도 쉬지 않고 영업을 한다. 심지어는 추석날이나 설날도 일한다. 그래서 고객들은 이 중개업소에 가면 아무 때나 상담할 수 있고 부동산 일을 볼 수 있다. 더욱이 오전 9시에 문을 열어 오후 10시에 문을 닫는다. 퇴근할 때는 휴대폰과 연결된 자동 전화 시스템을 갖추어 아무 때나 고객과 연결을 할 수 있게 하였다. 퇴근 시에도 사무실을 소등하지 않고 불을 켜놔 고객으로 하여금 부동산 사무실이 일하고 있다는 것을 고객에게 인식시켜 올 라운드 플레이 영업을 하고 있다.

② 전략적인 광고

광고비가 아까워 광고하지 않은 중개업소가 있는가 하면, 이 중개업소는 on-off 라인에 광고를 전략적으로 시행하고 있다.

중개업소를 오픈한 지 얼마 되지 아니하여 이를 극복하기 위해 광고를 전략적으로 시행하고 있다. 아르바이트생을 고용하여 명함작업을 매일 실시한 결과 중개업소 반경 10km 내에 주택, 상가, 빌딩, 오피스텔 등 모든 중개 대상물에는 항상 이 중개업소의 명함이 꽂혀 있다. 특히, 카페를 만들어 네이버, 다음 등 포털사이트와 연계하여 전략적인 광고를 하고 원룸 사이트나 직거래 사이트도 적극 활용하고 있다.

③ 단기 임대차중개(깔세)

리처드 칼슨은 그의 저서에서 "사소한 일에 목숨 걸지 마라." 하였다.

사소한 일을 초연하여 여유를 갖고 세상을 대하면 모든 것이 순조롭다는 의미다.

중개업은 사소한 일일수록 최선을 다하여야 한다고 생각한다. 사소한 중개라고 무시하고 큰 중개에만 집중한다면 부동산중개업은 시간이 흐를수록 힘들어질 것이다.

우리 속담에 가랑비에 옷 젖는 줄 모른다는 말이 있다. 사소하게 보이는 단독주택 지하방 전, 월세 계약도 최선을 다하여야 하고 심지어는 보증금이 없는 깔세 계약도 정성으로 추진하여야 한다. 이러한 사소한 계약이 쌓이고 쌓이면 큰 계약도 자연스럽게 성사되기 때문이다.

한번은 단기 방(깔세)을 찾는 고객에게 친절한 응대로 원하는 방을 쉽게 찾아 주었다. 이 단기 방은 오피스텔 신축을 위한 파견 직원들의 숙소용 방이었다. 단기 임대차 계약은 부동산 수수료가 적어서 모든 중개업소에서 취급을 꺼리지만, 이 업소에서는 사소한 중개일수록 최선을 다한다는 목표로 정성을 다하여 모셨다. 친절한 중개업소 직원에 감탄한 이 고객, 150여 실의 대형 오피스텔을 신축하여 전속중개계약을 맺어주니 사소한 깔세 계약이 왕대박으로 돌아온 것이다.

④ 전속중개계약

이 중개업소는 역세권에 소재하여 대형 오피스텔과 도시형 생활 주택이 즐비한 곳에 위치하고 있다. 현재 전속중개계약을 체결한 빌딩만 4곳이나 되니 하루에도 빠짐없이 몇 건씩 임대차 계약을 쓰고 있다. 이러한 전속중개계약을 체결하기까지는 그동안 친절한 서비스와 진정성 있는 행동과 고객 밀착화를 성공적으로 수행한 덕분이다. 이러한 전속중개계약을 통하여 이 중개업소는 안정적인 수입을 올리고 있다. 전속중개계약을 체결한 임대인은 양질의 서비스를 받고 중개업소는 고객에게 집중하여 효율적인 업무를 기할 수 있어서 서로에게 이익을 제공하는 계약인 셈이다.

⑤ 전철1, 2호선 원룸전문 중개

이 중개업소에서는 30대 초반 젊은이 남성 2명을 채용하여 '전철 1, 2호선 원룸 전문'이란 타이틀을 내걸고 틈새시장으로 전철 이용 고객을 공략하고 있다.

처음에는 현수막을 내걸어 일반손님에게 알렸고, 인터넷에서는 블로그 광고를 활용하여 이제는 '전철 1, 2호선 원룸전문 취급점'으로 위치를 견고히 하고 있다.

원룸을 담당하는 직원의 급여는 지급하지 않는다. 단지 직원이 계약한 수수료의 2분의 1을 성과급으로 지급하기 때문에 밤낮으로 열심히 일한다.

요즘 젊은이들은 지하철역에서 가깝고 깨끗한 풀 옵션 원룸을 선호하기 때문에 이점에 착안하여 '전철 1, 2호선 원룸전문 중개'를 틈새시장으로 운영하고 있다. 가령 1호선을 이용하여 출퇴근하는 젊은이들은 거주하는 공간이 1호선 어느 곳에 위치하여도 큰 문제가 되지 않는다. 단지 자기가 원하는 원룸이 자기의 취향에 맞으면 좋아하기 때문이다.

중개업소에서 매물 확보 차원으로 1, 2호선 라인을 따라 매일 임장활동을 한다.
원룸, 도시형생활주택, 오피스텔 등 신축공사장을 찾아가서 매물을 확보하고 원룸빌딩 주인들의 임대광고는 놓치지 않고 찾아가 매물을 확보한다.
특히, 전철역 주변 중개업소를 방문하여 공동중개를 활성화하는 등 원룸 틈새시장의 효과를 톡톡히 보고 있다.

2-1 중개업소 '자리'에서 승패가 난다

✎ 신도림 어느 중개업소의 자리 모습

- 도로: 큰 도로변에 소재하여 고객 출입이 용이하다.
- 주차: 항시 주차할 수 있어 자동차로 오는 손님이 많다.
- 점포형태: 횡단보도에 접하여 접근성이 좋으며 점포는 장방형이다.
- 유동인구: 지하철 환승지역으로 유동인구가 많다.
- 매물 정도: 아파트, 사무실, 원룸, 도시형생활주택, 상가 등 매물이 다양하다.
- 타 경쟁업소: 신규 오픈 중개업소 2곳이 있다.

🏠 상기 중개업소는 서울 구로구 신도림동에 소재한 어느 부동산 '자리 모습'이다.

 이 중개업소는 개업한 지 얼마 되지 않았지만 매월 중개수수료수입으로 2천만 원 이상 매출을 꾸준히 올리고 있다. 이 중개업소가 오픈하여 1년 만에 성공한 요인을 딱 한 가지를 고르라면 자리(Place)라고 감히 말하고 싶다.

자리에 대한 에피소드는 여러 곳에서 느낄 수 있다.

자리치고는 최고의 자리라 칭하는 장관, 총리 자리를 놓고 국회 인사청문회가 두려워 그 좋은 자리를 사양하는 사람이 있는가 하면, 여의도 불꽃축제가 열리는 날이면 목 좋은 자리 차지하려고 아침부터 사람들이 야단이고, 브라질 월드컵 축구 국가 대표팀 내에서도 주전 자리를 놓고 늘 선수끼리 기 싸움이 심하다.

이렇듯 자리는 우리에게 항상 경쟁이 치열한 곳으로 인식되고 있다. 필자가 느끼기에 뭐니 뭐니 해도 좋은 자리란 주머니 두둑 채울 수 있는 그런 곳이 최고의 자리가 아닌가 싶다.

조선왕조가 개성에서 한양으로 수도를 옮길 때 풍수지리설에 따라 도읍을 옮겼다고 한다. 옛날부터 풍수는 바람을 막고 물을 얻는다는 장풍득수에서 온 말로 풍수는 인간과 자연이 교감하는 소우주로 여겨 한양으로 자리를 옮긴 지 6백 년을 계속 이어 왔으니 풍수의 중요성을 깨닫게 한다.

그래서 우리 조상은 공간개념으로 주택을 생각하였고, 못자리, 빌딩 매입 등 의사결정과정에서 풍수는 늘 중요한 요소로 삼아왔다.

공인중개사가 중개업을 창업할 때 성공과 실패를 가늠하는 결정적인 요소는 바로 부동산 자리이다. 풍수지리설에 따라 자리를 구한다면 좋겠지만, 각설하고.

소위 목 좋은 자리를 구했다는 것은 부동산 중개업, 이미 절반은 성공한 셈이나 다름없다. 필자 역시 창업 당시에 자리를 구하려 6개월 이상 발품을 팔은 기억이 난다. 아파트만을 취급하는 점포와 역세권 대로변에 복합 상품을 취급할 수 있는 장소를 놓고 고민하다 유동인구가 많은 자리를 선택한 게 참으로 잘하였다는 생각이 자주 든다.

■ 유동인구와 매물이 많은 곳을 선점하라

일반적으로 성공할 수 있는 부동산 중개업소를 살펴보면 유동인구가 많은 곳이 우선 고려 대상이다. 아울러 동선도 참작하여야 한다.
이런 곳으로 지하철역 근처와 버스정류장을 끼고 있는 점포를 말한다. 도로변에 있으면서 횡단보도에 접하며 전면이 장방형 점포면 이상적이다. 여기에 주차할 수 있는 공간이 있다면 더욱 좋다. 특히, 단독주택, 다가구주택, 아파트, 빌라, 오피스텔, 상업용 점포 등을 종합적으로 취급할 수 있는 곳이면 금상첨화다.

부동산은 트렌드가 심한 상품이다.
부동산 트렌드 변화에 따라 고객이 찾는 상품이 달라진다.
고객의 취향 변화에 따라 민감하게 대응하여 고객이 원하는 상품을 다양하게 취급할 수 있는 장소라야 한다. 몇 년 전에 아파트가 없어서 못 파는 때가 있었다.
지금은 어떤가?

'하우스 푸어'란 신조어가 생겨났고, 오히려 큰 아파트를 소유하고 있는 것이 '큰 짐'이 되는 세상이 되었으니 트렌드 변화를 실감한다.

아파트 인기가 사라지자, 눈길 하나 주지 않던 단독주택이 대세가 된 때가 있었다.

단독주택을 매입하여 원룸을 신축하고 다세대를 지어 분양할 목적으로 너, 나 할 것 없이 모두 단독주택 매입시장에 뛰어들었던 때가 있었다.

뉴타운, 재개발 붐타고 다세대 주택은 황금알을 낳는 최고의 투자처로 인기를 누렸다. 전세를 끼고 적은 돈으로 투자할 수 있어 매매 차익을 목적으로 최고의 상품으로 인기를 누렸기 때문이다.

원룸 또한, 마찬가지다.

4평짜리 조그만 원룸 전셋값이 6천만 원 이상이니, 기가 찰 노릇이다.

원룸 짓기 붐을 타고 전국이 원룸촌으로 바뀌었다. 역세권은 물론이고 대학가 주변, 공단 근처 등 원룸 지을 만한 곳이면 어디든지 원룸이 들어 와 있다.

원룸을 지으면 일반상가보다 수익률이 높아 많은 사람이 신축에 혈안이 된 탓이다.

이렇듯 복합 상품(아파트, 단독주택, 원룸, 사무실, 상가, 오피스텔 등)을 취급할 수 있는 곳에 소재한 중개업소는 부동산 트렌드에 따라서 영업할 수 있기 때문에 부동산 불황이 계속되어도 큰 타격 없이 이겨 내고 있다. 이러한 중개업소는 소위 불황을 모르는 부동산 자리인 셈이다.

■ 자신에게 맞는 점포를 선정하라

지피지기(知彼知己)면 백전백승(百戰百勝)이다.
상대를 알고 나를 알면 백 번 싸워도 위태롭지 않다는 뜻으로 부동산시장에서 나의 장점과 약점을 파악하여 현명하게 대처하면 성공할 수 있다고 본다.

부동산 중개업소를 개업하여 성공하려면 자신에게 딱 맞는 점포를 선택하여야 한다. 점포를 한 번 선택한 후 장사가 잘되지 않는다고 하여 그 점포를 그만두고 다른 장소로 옮기기가 쉽지는 않다. 그러므로 부동산 최초 개업 시에 입지 선정에 심혈을 기울여 자신이 추구하는 장소를 선택하여야 한다.

■ 공인중개사 유형별 점포 찾기

① 초보 공인중개사

공인중개사 자격을 취득한 후 최초로 부동산을 오픈하려는 사람은 업무처리가 단순한 아파트나 빌라 단지에서 전, 월세 위주로 경험을 쌓는 것이 좋다. 늘 전문성이 요구되는 재개발, 재건축 지역은 경험을 쌓고 취급하는 것이 좋다. 초보 공인중개사의 경우 상품이 정형화된 아파트나 빌라를 취급하려면 아파트 가구 수가 최소한 500세대는 되어야 손익 분기점이 들어서고 빌라 등 단독주택의 경우는 1,000세대 정도의 규모 정도면 중개업소를 안정적으로 운영할 수 있다.

② 전문성을 갖춘 공인중개사

중개업 경험이 많은 공인중개사의 경우 단순하고 정형화된 아파트나 원룸, 전(월)세 위주의 중개업보다는 전문성이 요구되고 수익 창출이 가능한 재개발, 뉴타운, 재건축, 수직증축 리모델링 그리고 다세대를 신축하여 판매가 가능한 지역에서 영업하는 것이 좋다. 이런 곳은 초보 공인중개사보다는 경험이 많고 전문성을 갖춘 공인중개사에 딱 맞는 지역이다.

재개발, 뉴타운, 수직증축 리모델링 사업지역의 경우 어느 정도 사업이 진행된 곳보다는 사업 초기 주민동의서를 받기 시작한 곳을 선택하여야 한다. 이런 곳은 다른 지역보다는 매매가 빈번하고 사업 진행 단계마다 가격이 오르기 때문에 중개업 하기에 안성맞춤이다. 특히, 재개발 지역의 경우 지분 쪼개기, 알 박기, 위장전입이 성행하여 매매가 잘 이루어져 중개업자에게는 영업하기 딱 좋은 곳이다.

가급적이면 대형 시공사가 들어오는 지역을 선택하는 것이 바람직하다.

③ 나이가 들고 연륜이 있는 공인중개사

나이가 좀 많이 들고 연륜이 있는 공인중개사의 경우 고객층은 신세대보다는 중장년층 고객이 많다. 이러한 고객은 수익형 건물이나 상가, 토지 등에 많이 투자하기 때문에 연륜이 많은 공인중개사에 어울리는 고객층이다. 이러한 곳으로는 지하철역에 가까운 상가 밀집지역에서 점포가 활성화된 곳을 찾아서 하면 좋다.

④ 30대 초반 젊은 사장이 오픈하려면

최근에는 공인중개사 자격 취득연령이 한층 낮아졌다고 한다.

그래서 30대 초반에 부동산 사무실을 오픈하는 사람이 많다. 이러한 젊은 사장의 장점은 신세대와 격의 없이 대화할 수 있기 때문에 젊은이가 많이 찾는 원룸, 오피스텔, 도시형생활주택이 밀집한 장소에서 개업하면 승산이 있다. 이러한 곳으로는 역세권에서 가깝고 유동인구가 많고 동선이 잘 연결된 점포를 찾아야 한다.

이러한 곳으로는 대학가, 유흥가, 업무시설이 밀집된 곳을 말한다. 특히, 이러한 상품들은 업무가 비교적 단순하고 타 분야에 비하여 결과가 빠르므로 그만큼 경쟁이 치열하다. 이것을 탈피하기 위해서는 차별화된 광고를 시행하고 임대인과 유대를 게을리하여서는 안 된다.

⑤ 돈이 되는 다세대, 원룸을 신축하여 판매하려면

부동산을 영위하면서 다세대, 원룸을 신축하여 판매하는 중개업소가 늘고 있다.

중개업만으로는 수익창출에 한계가 있어서 수익을 다변화하기 위함이다.

단독주택밀집지역의 역세권 점포면 좋다. 중개업을 영위하면서 1년에 1, 2회 정도 시행하면 시간상으로 여유롭게 진행할 수 있으며 중개 수수료 외에 큰돈을 만질 수 있어서 중개업자에게는 이상적이다 할 수 있다. 그러기 위해서는 건물 신축에 대한 많은 지식과 땅을 보는 안목을 갖추어야 한다.

⑥ 토지만을 취급할 때

토지만을 대상으로 부동산을 하려면 토지의 특성을 알고 개업을 하여야 한다.

토지는 다른 부동산에 비하여 회전율이 아주 낮아서 매월 부동산 수입이 일정치 않다. 그러므로 여유자금이 많은 공인중개사가 하는 것이 바람직하다.

토지를 투자하는 고객은 대부분 여유자금을 갖고 있는 고객층으로 대형주택단지 앞이나 고속도로 진입로 등 고객의 눈에 잘 띄는 곳에서 창업하여야 한다.

초보 공인중개사가 이런 곳에서 중개할 경우 실패할 확률이 높고 수입이 일정하지 아니하여 곤란을 겪을 수도 있다. 정부정책, 개발계획 등에 많은 관심을 두고 사업을 하여야 하며 토지의 경우 현지중개인과 협력은 필수적이다.

■ 중개업 성공, 실패를 좌우하는 요소

- 성공하기 쉬운 중개업소
  · 발품을 팔아 좋은 입지를 찾는다.
  · 성업 중인 좋은 장소를 손에 넣어라(약국, 편의점, 제과점, 슈퍼, 중개업소).
  · 권리금 그만큼 가치가 있다.
  · 분양하는 신규점포 5년을 내다보고 매수하라.
  · 신축빌딩 처음부터 선점하라.
  · 독점 가능한 곳을 찾아라.
  · 다양한 매물이 있는 곳을 선택하라.
  · 고객의 동선이 많은 곳을 찾아라.
  · 시세대비 저렴한 곳으로 하라.

- 실패하기 쉬운 중개업소
  · 경쟁 관계를 무시하고 입지를 고른다.
  · 권리금이 없는 점포만 물색한다.
  · 수지분석을 하지 않고 개업을 한다.
  · 한 가지 매물로 승부하려 한다(상가, 토지, 원룸 등).

- 입지의 중요성을 무시한다.
- 부동산 사무실을 이곳, 저곳 유행 따라 옮기며 한곳에서 오래 하지 않는다.

2-2 고객 앞에 아낌없이 벗자

🏠 한국인들이 가끔 우스갯소리로 하는 말 중에 "줄라면 홀라당 벗고 화끈하게 주라."는 말이 있다. 이왕 하려면 어정쩡하게 하지 말고 상대가 감동할 수 있도록 퍼펙트하게 해주라는 뜻이다.

존경받는 기업 가운데 하나인 존슨 앤드 존슨의 제임스버크 전 최고책임자는 "직원과 고객, 무엇보다도 당신 자신에게 늘 솔직하라! 그러면 장기적으로 성공은 보장된다."라고 하였다.

한편 패트릭 렌시오니 테이블그룹회장은 "고객 앞에서 벌거벗어라."라는 네이키드 전략(Getting naked)을 주장하였다. "고객과 신뢰관계를 쌓고 건강한 조직을 만들기 위해서 무엇보다도 고객 앞에서 벌거벗어야 한다."고 강조하였다.

고객에게 솔직하게 털어놓고 대화하여 진심으로 나의 일처럼 처리해줄 때 고객의 신뢰를 전폭적으로 받을 수 있기 때문이다.

필자도 이러한 네이키드 전략(Getting naked)을 통하여 이의 중요성을 깨달은 경험이 있다. 한마디로 고객에게 아낌없이 주었더니 상상을 초월하는 성과로 보답을 받았다.

하루는 80세쯤 들어 보이는 할머니 손님이 찾아오셨다.
허름한 단독주택 62평 규모의 주택을 팔아 달라고 하였다.

공인중개사: "평당 가격은 어떻게 생각하세요?"
고객: "평당 1,500만 원 쳐서 9억 5천을 받아주세요."
공인중개사: "시세보다 약간 높은 가격이지만, 잘 팔아 보겠습니다."
하고 고객을 돌려보냈다.

그 후 몇 달이 지난 후 할머니 손님이 다시 방문하셨다.
다른 부동산 여러 곳을 다녀 보았지만, 하나님이 여기 부동산을 인도하셔서 다시 오셨다고 하였다.

독실한 기독교 신자로 너무 진지하게 말씀하시기에 매물을 본격적으로 검토하였다. 현재 주택시장이 불황이라 매매는 쉽지 않지만, 그래도 원룸신축이 가능한 대지만큼은 거래되는 편이라서 매매를 한번 추진해 보기로 하였다.

공인중개사: "대지가 62평이지만 진입로가 좁고 남향이라서 새로 신축 시에 20평 정도는 도로로 내놓아야 하기 때문에 솔직하게 말씀드려 평당 1,500만 원은 받기 어려운 땅입니다."

고객: "그럼 어느 정도 가격에는 매매할 수 있겠습니까?"
공인중개사: "도로로 빠지는 20평 정도는 가격 산정에서 제외하여야
 할 것 같습니다."
고객: "그럼 대지 52평으로 계산하여 8억만 손에 쥐여주세요." 하였다.

이렇게 상담을 하여 매물 가격을 좀 저렴하게 받았다.
한 달이 지난 후 손님이 다시 방문하였다.
계속되는 상담을 통하여 손님이 반드시 주택을 팔아야만 하는 상황임을 알게 되었다. 주택은 남편 명의로 되어 있고 대지는 부인 명의로 되어 있었다.

남편 명의 주택에는 가압류와 근저당이 잡혀 있고 부인 명의 대지에는 국세청에서 세금체납으로 근저당을 설정하여 곧 경매에 들어갈 처지였다.

"손님 매매만 능사가 아닙니다. 다른 대안을 생각해 봅시다."
허름한 상태의 1층 단독주택은 매매가 잘되지 않으니 원룸을 신축하여 매매하자고 제안하였다.

"공인중개사님이 그렇게 생각하신다면 진행하여 보세요."
하며 흔쾌히 승낙하시었다.

■ 고객에게 아낌없이 주고 무한한 성과로 보답을 받았다

고객과 원룸신축을 하기로 결정한 후부터는 서로 터놓고 대화를 하기 시작하였다. 통상적으로 원룸 신축을 컨설팅하게 될 경우 상당한 금액의 컨설팅료를 받지만, 필자는 컨설팅료는 받지 않기로 하였다.

원룸을 지으려면 설계부터 시작하여 철거, 건축비 대출실행, 건물말소등기, 신축, 준공, 보존등기, 원룸 임대 등 여러 단계를 거쳐야 하나의 원룸빌딩으로 완성된다.

나이가 많은 고객이라 한 가지라도 스스로 처리 할 수 있는 것은 하나도 없었다. "이왕 도우려고 마음먹었으니 화끈하게 도와주자." 이렇게 결정하였다.

그런 결과 손님은 네 명의 아들이 있지만, 어느 아들보다도 공인중개사를 믿고 의지하였다. 신축과정에서 건축업자와 건건이 싸워 가면서 일을 하였고 고객이 나이가 많아 은행에서 대출이 되지 않아 애먹은 일을 생각하면 지금도 아찔하다.

고객은 이러한 공인중개사의 어려움을 처음에는 잘 알지 못하였으나 늘 접촉하고 협의하는 과정에서 진심으로 돕고 있다는 사실을 알게 되어 손님으로부터 무한한 신뢰를 받게 되었다.

원룸이 신축되어 준공검사를 받아 무사히 준공등기를 마쳤다.
이제부터 하루라도 빨리 임대를 맞추는 일만 남았다. 하지만 세상일

이 그렇게 계획대로 되지는 아니하였다.

원룸사업이 잘된다고 하니 여기저기에서 원룸을 짓기 시작하였다.
그런 결과 인근에 원룸이 수요대비 과다 공급되어 전, 월세가 뜻하지 않게 나가지 아니하였다.
손님의 한숨은 깊어갔다. "하루라도 빨리 임대를 맞추어 은행대출도 상환하고, 손자 유학자금도 송금하여야 하는데…." 늘 걱정이 앞섰다. 이렇게 몇 개월에 걸쳐 임대가 맞추어지지 아니하자, 타 부동산에서 임대 매물을 달라고 계속 요청하였지만, 손님은 이에 응하지 아니하였다. 손님은 계속 필자의 부동산에 매물을 전속으로 맡겨 주었다. 사랑을 듬뿍 받은 셈이다.

이런 와중에 고객과 중대한 상의를 하였다.
큰 원룸빌딩을 신축하였지만, 할머니가 관리하기에 너무 무리인 것으로 판단되어 매매를 진행하기로 결정을 보았다. 가격대는 건축비를 제외하고 당초 대지를 매매하고자 한 가격으로 팔기로 하였다.

원룸빌딩을 다행히 매매하여 부동산수수료를 매도, 매수 양쪽에서 듬뿍 받았고 특히, 고객이 거주할 주택도 매수하였고 또한, 수익상가도 구입하여 주는 등 많은 성과로 보답을 받았다.
그 후 할머니는 부동산 사무실 홍보에 늘 앞섰고, 교회 신자들을 소개하여 줌으로써 단골고객을 많이 확보하는 계기를 만들어 네이키드 전략(Getting naked)의 중요성을 다시 한번 실감하게 되었다.

2-3 팀워크(Team work)가 중요하다

펭귄은 이빨이 없다.
그런데 물고기를 잘 잡는다.
어떻게 이런 일이 가능 할까?
그것은 바로 펭귄의 부리 속에 촘촘하게 난 털 때문이다.
부리 안에 난 털은 모두 입 안쪽으로 향하고 있다.
이 털이 합쳐지면 매우 강력한 힘을 발휘한다.
그래서 일단 펭귄에게 물린 물고기는 아무리 발버둥쳐도 빠져나가지 못한다.

츠카코시 히로시, 『오래가려면 천천히 가라』에서

🏠 한 사람의 힘은 미약하다.

그렇지만 팀원이 힘을 합하면 매우 강력한 힘을 발휘한다. 한 가지 목표를 위해 조직원의 힘을 결집할 때 큰 힘을 발휘하는 것이 팀워크(team work)이다.

부동산 사무실은 다른 어느 자영업보다도 팀워크가 유난히 요구되는 곳이다. 부동산 사무실은 혼자 힘으로 운영하기가 쉽지 않기 때문이다. 팀워크가 발휘될 때 계약이 늘고 중개업자의 수입은 증가하게 되어 있다.

대부분의 부동산 사무실은 2인 1조가 되어 일한다. 부부간에 다정하게 부동산 사무실을 운영하는 곳도 있고 부동산사장이 여자 실장을 고용하여 운영하는 사무실도 있다. 어떤 사무실은 여자 둘이서 동업을 하는 곳도 있다. 어느 통계에 의하면 부동산 사무실을 오픈한 지 1년도 안 되어 팀원의 불화로 서로 헤어지고 새로운 팀원을 찾는다고 한다. 부부간에도 처음에는 죽이 잘 맞는 것 같지만, 시간이 갈수록 손발이 맞지 않아 틈이 벌어져 결국 각자의 일을 하는 경우를 보았다. 부동산 여자 실장을 고용하여 운영하는 사무실이나 여성 둘이서 동업을 하는 곳도 이런 현상은 마찬가지다.

- 팀워크(team work)를 잘 살리려면

첫째, 서로 약정된 룰(Rule)을 지키자.
대부분의 부동산 사무실은 서로 약정된 룰이 있다.
수입 배분에 관하여 사장과 실장과의 비율을 5:5, 또는 6:4 등 각자의 룰을 정하여 사업을 시작한다. 이러한 룰이 계속 지켜진다면 팀은 헤어지지 않고 끝까지 함께 할 것이다. 그렇지만 팀이 해체되고 헤어지는 주된 이유는 당초 서로 정한 룰을 지키지 않기 때문이다.
특히, 여자 실장의 경우 대우가 낮아 그만두는 곳이 대부분이라고 한다.

개업 후 1년쯤 같이 근무하여 매출이 늘어나자 사장이 당초 정한 룰을 어기고 돈을 더 가져가겠다고 하여 여 실장과 싸움으로 번져 결국 중개업소 문을 닫는 경우를 보았다. 팀원과의 정한 룰은 반드시 지키는 것이 팀워크의 유지 비결임을 명심하자.

둘째, 상대를 늘 배려하라.
부동산 사무실은 팀원이 아침부터 저녁 늦게까지 작은 공간에서 함께 일하기 때문에 가족이나 다름없다. 그러므로 서로 이해하고 가족같이 생각하고 행동한다면 헤어질 이유가 없다. 상대를 배려해주고 이해하여 줄 때 팀워크가 유지되기 때문이다.

셋째, 목표의식을 공유하라.
중개업소에서 근무하는 주된 이유는 돈을 벌기 위해서다.
서로의 목표를 달성하기 위해 일치단결하여 나아가야 한다. 그렇게 하지 않으면 팀은 오래 유지되지 못하고 해체될 수 있다. 목표를 달성하기 위해 서로가 목표에 대한 정확한 이해와 역할을 충분히 인식하여 매진하여야 한다.

운동경기에서도 팀워크는 매우 중요하다.
운동선수 구성원이 뛰어난 선수들로 조직되었다고 해도 팀워크가 잘 맞지 않아 게임에서 이기지 못하는 팀이 있는가 하면 경기를 할 때 구성원들의 팀워크가 잘 맞아 늘 우승으로 이끄는 팀이 있다. 영국 프리미어리그에서 뛰었던 박지성 선수도 항상 팀워크를 중시하여 뛰었다고 한다. 그는 헌신적으로 팀을 위해 공헌하고 동료를 위해 늘 배려하면서 시합을 하였다고 한다. 자기 개인보다는 팀 전체를 위해 골 찬스를 동료에게 배려하고 팀을 위해 뛴 결과 우승을 여러 번 하였고 개인의 명성도 얻었다고 한다.

 부동산 사무실에서 팀워크가 발휘되려면 무엇보다 가장 중요한 것이 사장의 역할이라고 본다. 부동산 중개업소 업무는 그 특성상 회사의 사환이 하는 일로부터 시작하여 중소기업 사장이 하는 일까지 다양하게 있다. 고객을 응대하여 그때그때 임기응변으로 처리하지 않으면 고객을 놓치는 경우가 허다하다 나는 사장이니까 지시나 하고 뒤에서 놀고 있다면 팀워크는 찾아보기 어려울 것으로 본다. 사장, 실장 구분하지 말고 하나의 목표를 위해 최선을 다할 때 팀워크가 잘 맞는 중개업소로 될 것이다.

2-4 아는 것이 힘이다

🏠 일찍이 프란시스 베이컨은 "아는 것이 힘이다."라는 말을 하였고, 소크라테스는 "너 자신을 알라." 하였다.

현대사회에서 성공하기 위해서는 배워야만 무엇이든 할 수 있다는 것을 직설적으로 표현 한 말이다. 공인중개사가 영업활동을 통하여 매출을 증대하여 공인중개사로 성공의 시대를 활짝 열려면 보유하고 있는 매물에 대하여 확실한 숙지는 물론 일반 부동산에 관한 동향과 지식을 갖추고 있어야 한다.

그렇게 할 때 자신 있게 상담할 수 있고 자신 있는 상담만이 계약체결까지 이어질 수 있기 때문이다.

부동산 상품과 시장에 대하여 지식이 부족하고 대고객 서비스마인드를 갖추지 않고서는 고객을 설득하여 계약 체결까지 이르기는 요원한 일이기 때문에 "아는 것이 힘이다."라는 말이 더욱 설득력 있게 느껴진다.

직장인으로서 서비스 및 친절에 관하여 수많은 저서로 유명한 조관일 박사도 한 번의 강의를 하기 위해 최소한 5회 이상의 사전 강의를 통해 완벽하게 준비하여 강단에 오른다고 한다. 어느 대기업 사장님도 노래 한 곡을 거의 300번 정도 따라 부르고 가족 앞에서 예행연습을 하고 나서야 사람들 앞에서 부른다고 하였다.

한국인이 가장 존경하는 인물 이순신 장군을 오늘날 시대에 맞게 재해석한 자료에 의하면 그는 하나의 기업이며 최고 CEO로서 공인중개사가 창업을 하거나 현재 성업 중인 공인중개사가 그로부터 배울 수 있는 지혜는 무수히 많다고 본다.

이순신 장군은 일본군과 함포 전을 예상하고 그에 알맞은 전술과 함포 사격훈련 및 진법을 구상하는 등 이론과 실무지식을 갖추어 전투에서 전승을 이끌었다고 한다. 중개업자도 현업에서 가장 필요로 하는 것은 중개 업무에 대한 이론과 실무지식을 완벽하게 갖추는 것이 성공의 열쇠라고 본다.

✎ 최고의 CEO, 이순신 장군으로부터 배울 10가지: 계명대 김영문 교수 주장

    지피지기 백전불태(知彼知己 百戰不殆).
    조직구성 간의 역할분담 및 팀워크.
    차별화를 통한 경쟁력 강화.
    절대 서두르지 않는다.
    이론과 실무지식.

좌절하지 않거나 실패하지 않는다.
자신을 믿으며 끝까지 행동한다.
필생즉사 사필즉생(必生卽死 死必卽生).
공사구분.
아웃소싱.

■ 보유 상품은 확실히 알고서 상담에 응하라

① 매물 현장에 모든 답이 있다

　부동산 사무실에서 고객이 물건을 내놓으면 대부분 중개업소에서 물건내용과 매도인의 인적사항만 기재하고 돌려보내는 경우가 허다하다. 이런 중개사에게 점수를 주라면 필자는 50점 이하로 매기고 싶다. 매물장부에 기재만 해 놓고서 그냥 방치한 후 고객이 왔을 때 그 물건에 대하여 자세한 설명을 한다는 것은 극히 불가능하다.

　고객이 물건을 내놓으면 장부에 기재하는 것은 차후에 해도 좋다. 즉시 그 고객과 함께 매물 현장으로 달려가 매물상태를 확인하여야 한다. 그 물건이 어떤 입지에 있고 매물상태는 양호한지, 그리고 향후 전망과 가격의 적정 여부를 판단할 수 있기 때문이다. 현장에 나가 확인한 결과 내놓은 가격이 너무 높거나 낮게 산정되었을 때는 가격을 재조정하여야 한다. 그래야만 고객에게 신속하게 팔아 줄 수 있다. 이러한 과정을 거쳐야 완벽한 나의 매물이 되며 고객이 언제 어느 때 오더라도 자신 있게 상담할 수 있다.

② 매물장부는 보기 쉽게 꼼꼼하게 정리하라

고객의 매물을 현장에서 확인하였으면, 우선 하여야 할 것이 매물장부 정리이다. 현장에서 확인한 내용을 토대로 입지, 매물상태, 전망, 가격 등을 종합적으로 기재하여야 한다. 이런 내용을 기재하여 놓으면 다음에 보더라도 생각이 쉽게 나고 브리핑하기 좋다. 어느 중개인의 경우 매물장 하나에 모든 매물을 다 기재하여 손님이 올 때마다 '숨은그림찾기 하듯' 장부를 뒤적거리는 것을 보고 고객이 기다리지 못해 그냥 가비리는 경우를 종종 보았다. 장부를 기재할 때는 물건별로 매매와 임대차로 구분하여 기재하고 수시 현황을 파악하여 물건이 살아 있는지를 재정리하여야 한다.

③ 타 중개업소 매물도 정리하여 관리하라

부동산 중개업은 타 어느 업종보다도 경쟁이 치열하다.
그러니 나의 매물만 갖고 승부를 건다는 것은 어불성설이다. 나의 매물만 팔아서는 타산이 맞지 않으며 공동중개도 열심히 하여야 한다. 공동중개를 시도하다 보면 어느 중개업소에 어떤 좋은 물건이 있는지 파악할 수 있다. 지금은 지역별로 물건을 인터넷 또는 메일로 정보교류가 가능하여 좋은 물건을 찾기가 쉽다.
평소에 지역별로 관심 있는 매물을 파악하여 해당 중개업소로부터 간단한 브리핑을 받아 둔다면 타 사무소 매물도 나의 매물이 되는 것과 같다.

중개업소가 경쟁이 치열하여 양타(부동산 수수료를 양쪽에서 받는 것) 치는 경우가 드물어서 타 사무소 물건도 파악하여 관리하여야 한다.

④ 매일 주요 상품을 리스트(목록)화 하여 공유하라

어느 음식점에서는 오늘의 특선메뉴는 '생 갈비찜'입니다. 오늘의 추천 메뉴는 '복 꼬리튀김'입니다. 이런 식으로 고객에게 알리어 그날 매출을 증대시키고 남아있는 재고를 소진 시킨다고 한다.

부동산 사무실에서도 매일 회의를 통하여 오늘 고객에게 중점적으로 매매 할 상품리스트를 만들어 공유할 때 능률도 오르고 고객에게 자신 있게 상품을 소개할 수 있다.

■ 배우고 또 배워야 살아남는다

논어의 첫 구절에 "학이시습지 불역열호(學而時習之 不亦說乎)"란 말이 있다.

"배우고 이를 실천으로 옮긴다는 것은 기쁜 일이지 아니한가?"라는 뜻으로 이미 2500년 전 공자가 죽은 후 제자들이 공자의 말씀을 모아 만든 논어에 있는 구절로 오늘날 공인중개사에게 시사점이 크다고 본다.

공인중개사로 일하여 보면 배우고 익힐 것이 너무 많다.

경쟁시대에 뒤떨어지지 않으려면 무한히 노력하고 익혀야 살아남을 수 있다.

 공인중개사 자격증 하나 따느라 고생 실컷 하였는데 공부는 무슨 공부냐고 반문할 수도 있다. 하기야 그동안 공인중개사 자격증이 도입 전만 하여도 중개인제도가 있어서 누구나 손쉽게 중개업을 할 수 있었고 지금도 중개인스타일로 중개업을 영위하는 공인중개사가 많다고 본다.

 이제는 시대가 급속히 변화하고 있다.
 정보통신 발달로 고객이 부동산 관련의 모든 정보를 공인중개사보다 민지 알게 되고 한발 앞서서 지식을 습득하기 때문에 공부하지 않으면 살아남기 어려운 시대가 되었다.

 공인중개사가 일 처리할 때는 정확한 지식과 법률에 의거 처리 하여야 한다. 막연한 지식으로 일 처리하여 중개사고라도 발생 시 정신적 피해는 물론 수수료의 몇백 배의 금전적 손해가 공인중개사에게 돌아오기 때문에 평소 중개업무 이론과 실무지식 함양에 매진하여야 한다.

2-5 부동산 중개사고만큼은 조심하자

🏠 우리는 흔히 은행을 가장 안전한 금융기관으로 여겨, 자기의 귀중한 재산을 안심하고 맡긴다. 이러한 은행에서 고객 관련 사고나 큰 실수가 발생하면 그 은행을 불신하여 거래를 그만두거나 중단하게 된다. 이러한 은행의 좋지 못한 사고나 실수는 꼬리에 꼬리를 물어 은행 이미지에 큰 타격을 주게 되며 한번 실추된 명예를 회복하기까지는 상당한 노력과 시일이 걸린다.

부동산 중개업도 고객의 재산을 다루기 때문에 빈틈없고 신중한 일 처리가 늘 요구된다. 건건이 돈과 관련되어 있어서 조그마한 실수가 큰 화를 부를 수 있다. 우리 속담에 "도둑맞으려면 개도 안 짖는다."라는 말이 있다.

평소 일을 꼼꼼히 하여도 부동산 중개사고 개연성은 도처에 있어서 언제 어느 곳에서 사고를 당할지 모르기 때문에 업무처리만큼은 완벽하게 하여야 한다.

그러나 실제 업무 현장에서는 계약에 눈이 멀어 사고의 개연성을 무시하고 일을 처리하는 경우가 많다.

K 중개업소 ○○○실장은 평소 일 잘하고 친절하기로 유명한 공인중개사다.

어느 날 다가구 전세 손님이 찾아와 임대인을 대리하여 전세계약을 체결하였다.

임대인을 평소 잘 알고 지내서 등기부 등본 발급은 생략한 후 계약을 진행하였다.

그 후 1년이 지난 후 임차인이 찾아와 "살고 있는 주택이 경매가 진행 중인데 어떻게 된 일이냐?" 하고 부동산에 항의하였다. 당황하여 ○○실장은 등기부 등본부터 확인하였다. "등기부 등본에는 전세 계약 체결 전 이미 은행 근저당과 가압류가 잡혀 있었고, 해당 구청으로부터는 압류가 이미 체결되어 있었다." 그래서 경매가 진행되면 한 푼도 전세금을 받을 수 없는 상황이었다. 더구나 그 주택은 불법건축물로 강제이행 부담금을 납부하고 있는 주택으로 불법주택이었다.

이 사례와 같이 부동산 중개 사고는 기본을 지키지 않는 데 있다.
계약 시에 등기부 등본만 발급받아 확인하였어도 이러한 사고를 당하지 않았을 것이다.

부동산 중개업은 업무 패턴이 간단하다.
계약 시에 등기부 등본을 발급받아 공부를 확인하고 확인 설명서만 제대로 작성을 한다면 이러한 중개 사고는 미연에 방지할 수 있다.

한번은 시세대비 30% 이상 저렴한 재개발 예정지역의 급매물이 나왔다.

재개발이 진행되는 지역이어서 조금만 가격이 저렴하면 바로 팔리는 때여서 단골고객에게 연락하였더니 계약을 하겠다고 하였다. 급한 마음에 등기부 등본 발급을 생략하고 계약을 진행하였다. 계약금은 매도인이 해제 못 하도록 매매금액의 50%를 듬뿍 걸도록 하고 계약을 하였다.

계약 후 등기부 등본을 꼼꼼히 살펴보니 매도인이 강제 경매를 피할 목적으로 등기부 명의를 최근에 바꾸어 놓은 상태였다. 한마디로 중개가 불가능한 물건이었다. 매도인은 계약금을 받아 다 써버렸고 계약금을 돌려 달라고 하였지만, 배를 째라는 식이었다. 그렇다고 매도인을 상대로 계약금 반환청구소송을 행사할 다른 재산은 찾을 수가 없었다. 계약 전후 등기부의 권리 변동사항을 신중하게 분석 후 계약을 하였다면 이러한 어처구니없는 실수를 하지 않았을 것이다.

■ 중개사고 유형 및 예방

(1) 등기부 등본 등 공부를 확인하지 않아 발생하는 사고
- 계약 시에 등기부 등본, 토지대장, 건축물관리대장, 토지이용계획확인원을 발급받아 이상 유무를 확인한다.
- 중도금 시에도 이상 여부를 확인한다.

- 토지만의 별도등기는 잔금 시까지 정리토록 한다.
- 근저당, 가압류, 압류 등이 있을 경우 매도인이 잔금 전까지 정리 후 등기부 등본을 말소토록 한다.
- 가처분, 예고등기가 있을 경우 권리관계를 정확히 파악하여 조치한다.

(2) 대리인과 계약으로 인한 사고
- 대리인과 계약할 경우 위임장과 인감증명서, 그리고 대리인의 신분증을 확인 후 계약을 진행하고 위임인과 통화하여 위임의 진정성을 확인한다.
- 위임장은 복사하여 계약자에게 배부하고 원본은 부동산에서 보관한다.

(3) 중개대상물 확인 설명서 미작성으로 인한 사고
- 확인 설명서는 계약 시에 작성하여 당사자에게 교부 한다.
- 미등기, 무허가건물에 대하여는 그 내용을 구체적으로 기술하고 매수인에게 설명한다.
- 하자내용 즉, 저당권, 전세권, 압류, 가압류 등에 대하여는 구체적으로 기술한다.

(4) 거래대금의 타인계좌 입금으로 인한 사고
- 거래대금에 대하여는 반드시 등기상 소유주 계좌로 입금하여야 한다.

- 현금, 수표 등 직접 지급 시는 본인에게 지급하여 본인 자필 영수증을 받는다.

(5) 부동산 사무실에서 책임지겠다는 약속 금지
- 계약 내용에 대하여 중개업자가 책임 또는 연대보증을 한다는 사실을 절대로 하여서는 안 된다.
- 특약사항 문구 하나하나에 신경을 써서 작성토록 한다.

(6) 소속 공인중개사 등 중개보조원의 관리에 만전을 기한다
- 중개보조원의 고의 또는 과실로 야기한 사고는 중개업소 대표자의 책임으로 귀결되므로 관리에 만전을 기하고 계약서도 반드시 대표자가 작성한다.
- 거래대금은 중개업소에서 절대로 수령하지 않는다는 것을 당사자에게 설명한다.

(7) 신분증, 인감증명서 위조 사기로 인한 사고
- 계약 시 행정안전부 홈페이지를 방문하여 주민등록증 진위 여부를 반드시 확인한다.
- 인감증명서 위조 여부를 행정기관 인터넷을 통해 확인한다.

(8) 중개대상물의 용도 미확인으로 인한 사고
- 시, 군, 구청 해당 과에 문의하여 중개물건이 적합한 용도인지 확인 후 계약한다.

(9) 중개업소 관리 소홀로 인한 사고
- 인장도용 사고방지에 철저를 기한다.
- 중개업소를 타인이 이용하여 사고가 발생한 것에 대하여도 대표자의 배상책임이 있으므로 중개사무소관리에 만전을 기한다.

(10) 기타
- 근저당이 너무 많거나 권리관계가 복잡한 중개물권은 취급하지 않는다(중개사고 시 중개업자 70%, 당사자 30% 책임으로 됨).
- 토지거래허가구역 내의 거래는 허가 여부를 사전에 확인 후 계약한다.
- 특약사항을 기재 시는 중개업자가 끝까지 이행 여부를 확인한다.

■ 부동산 업(up), 다운(down) 계약에 현혹되지 말자

 부동산 사무실에서 일하다 보면 고객으로부터 부당한 요구를 받을 때가 있다.
 가령 계약 시에 법으로 금지되어있는 업, 다운 계약서 작성을 계약당사자 또는 일방으로부터 요구를 받을 때가 있다. 이에 응하자니 법을 위반하게 되고 응하지 않을 경우 계약 자체가 무산되어 고객만 놓치는 결과를 초래할 수 있기 때문이다.

공인중개사의 입장에서는 계약 성사에 무게를 두어 응하고 싶을 때가 많다.

그렇지만 어느 경우에도 불법을 하여서는 안 된다. 그동안 관행으로 해왔지만, 이제는 법으로 금지되어있는 내용을 자세히 설명하여 원칙대로 계약하도록 하여야 한다. 만약 업, 다운 계약서를 작성하였을 경우 나중에 발각되면 오히려 더 큰 금전적 손해를 보게 된다는 사실을 주지시켜야 한다.

세상 모든 일 원칙을 지키면 만사형통이다.

영어에 "go to the basics."이란 말과 같이 기본으로 돌아가서 일하여야 한다.

기본을 지키면 뭔가 손해 보는 장사 같지만, 절대 그렇지 않다.

기본을 지킬 때 고객은 물론 공인중개사에게 큰 도움이 된다는 사실을 명심하자.

2-6 지역주민과 밀착화를 실시하라

🏠 필자가 잘 아는 공인중개사는 참으로 바쁘다.

그래서 약속을 하지 않고 그를 만난다는 것은 쉬운 일이 아니다. 업무가 항상 바빠서 그러기도 하지만 주민의 애, 경사에 주구장창 찾아다니고 지역 행사에 늘 참석하느라 그렇다. 그는 정치인도 지방 행정관리도 아니다. 오로지 먹고살기 위해서 밤낮 가리지 않고 현장을 누빈다. 그래서 언뜻 보기에 그를 시의원이나 구의원쯤으로 생각하는 사람도 있다.

"이렇게 늘 행사에 참석하고 일은 언제 하느냐?"고 물으면, "항상 주민과 함께하는 것이 나의 일이다."라고 한다. 바쁜 시간을 쪼개어 그런 행동을 하는 데는 그만한 이유가 있다.

일반 사람들은 공인중개사가 일은 않고 지역행사에만 참석하는 것을 이상하게 생각할 수도 있다. 그러한 생각은 중개업을 제대로 알지 못하는 사람들의 식견에서 비롯된다. 부동산 중개는 일정한 지역을 바탕으로 이루어지기 때문에 지역, 지방을 떠난 중개업은 생각할 수 없다.

그의 부동산 사무실이 늘 바쁘고 고객이 넘치는 것은 그럴만한 이유와 근거가 있다. 지역주민과 밀착화가 이루어져 중개 매물은 항상 넘치고, 지역 개발 정보를 빨리 입수하여 개발 관련 중개를 선점하며, 지역 주민의 부동산 관련 상담을 독점하다 보니 타 중개업소와 비교하여 손님이 많고 바쁜 것은 당연한 일이다.

하루는 지역 '역세권 개발을 추진'하기로 지역 주요 인사들이 모였다. 주민으로부터 개발동의서를 받는 과정에서 당연히 공인중개사도 참여하게 되었다.
개발이 확정되기 전인데도 불구하고 소문을 듣고 찾아온 투자손님 때문에 부동산 사무실은 앉을 자리가 없을 정도로 붐볐다.

일반적으로 부동산 사무실을 찾는 손님의 면면을 보면 외부에서 찾아오는 손님도 있지만, 그 지역을 연고로 살아가고 있는 주민이 찾아오기 때문에 주민을 외면할 수 없다. 공인중개사로 성공하고 지속 가능한 중개업소로 생존하려면 지역주민과 늘 함께하고 지역의 현안과 정보에 밝아야 한다. 이런 까닭에 중개업소와 주민과의 밀착화는 필연적이라고 할 수 있다.

현대 마케팅의 대부라 불리는 코틀러(P. kotler) 교수는 '기업의 사회적 책임'에서 마케팅 이념으로 사회적 책임수행을 강조하였다. 기업의 목표를 수익성 있는 성장에 두어야 하고 이를 이루는데 주요한 역할을 하는 것이 마케팅이라고 강조하였다. 또한, 기업의 마케팅은 지역 밀착화를 통해 지역주민에게 최고의 상품과 서비스를 제공함으로써 대외 이미지를 높이고 나아가 지역사회에서의 인지도를 높이는 데 있다고 하였다. 이처럼 마케팅을 통한 일련의 활동은 기업에만 국한되는 것이 아니라 부동산 중개업소에도 필요하다고 본다.

■ 중개업소로 성공하려면 변신의 카멜레온이 되라

부동산 중개업을 위해서는 교회도 나가야 하고 때로는 절에도 다녀야 한다.

독실한 기독교 신자가 보기에는 참으로 안될 일이지만 어찌하랴 사업을 유지하고 성공하려면 전략적으로 행동하여야 한다. 한마디로 팔방미인이 되어 곳곳을 누벼야 한다.

어느 중개업소는 세무사를 매월 초청하여 고객을 상대로 세무강좌를 개최하고, 주택단지 소재 어느 중개업소는 새마을 금고에서 개최하는 등산모임에 정기적으로 참여하여 부동산 알리기에 힘쓴다. 부동산중개업이란 가만히 앉아서 찾아오는 고객만 상대하는 일이 아니고 늘 주민과 공식, 비공식 모임을 통하여 부동산 업소를 홍보하고 밤낮으로 고객을 찾아다녀야 한다.

고 정주영 현대그룹 회장의 일화는 유명하다.
어려운 시기에 부동산 중개업을 영위하는 종사자에게 정신자세를 가다듬고 위기를 기회로 만들어 성공으로 이르기에 좋은 사례다.

사업에는 많은 방해요소가 있다. 또한, 실패요소도 있을 수 있다. 하지만 방해요소를 긍정의 방향으로 이끈 모티브를 찾아 사업을 성공으로 이끈 정주영 회장의 도전 정신을 아무리 강조해도 지나치지 않다.

1975년 어느 날 고 박정희 대통령이 현대건설 정주영 회장을 청와대로 불렀다.
"달러를 벌, 좋은 기회가 왔는데 돈을 벌려고 나서는 작자가 없소."
"그게 무슨 말씀입니까?"
"석유파동으로 중동은 달러가 넘쳐 사회 인프라 건설을 해야 하는데, 날씨가 더워 아무 나라도 일하러 가는 나라가 없소."
"우리나라에 타진이 왔는데 귀하의 생각은…."

며칠 후 정주영 회장은 이렇게 대답하였다.
"공사하기 딱 좋은 조건입니다."
"지금 당장 제가 가겠습니다."
"중동은 1년 내내 비가 오지 않아 쉬지 않고 공사를 할 수 있고 또한, 공기(工期)를 단축할 수 있어 좋습니다. 공사 할 땐 모래가 있어야 콘크리트 시멘트를 만들 수 있는데, 지천에 깔려있는 게 모래이니 여건이 나쁘지 않습니다."
"유조선을 만들어 빈 배에 물을 실어 나르고 올 때는 석유를 넣어오면 됩니다."

남들이 못 한다고 손을 떼었지만, 생각의 틀을 바꾸어 악조건을 유리한 조건으로 믿고 즉시 행동에 옮긴 것이다. 어렵고 힘든 일을 마다하지 않고 뛰어들어 신화창조를 한, 고 정주영 회장의 성공담에서 긍정의 힘을 배울 수 있다.

남들이 보기에 얼굴이 험상궂어 부동산중개업에 어울리지 않지만, 열심히 지역사회활동에 참여하여 긍정의 힘으로 이를 극복한 어느 중개업소를 보자.

그는 최근에 중개업소를 오픈하였지만 늘 고객이 넘친다. 부동산 중개업소는 개업 후 1년 정도는 매물도 많지 않고 단골고객도 적어 대부분 사무실이 한산하다.

그렇지만 이 업소는 통상의 개념을 깨트린다.

이유인즉 부동산 사무실 근처에 있는 큰 교회에 등록한 후 고객이 늘기 시작하였다. 교회 신도 수가 3만 명이 넘는 큰 교회라서 전략적으로 선택하였다. 그의 성품으로 보아 교회 다닐 만큼 온화한 성품이 아니지만 사업차 다니는 것이다.

신도 수가 많아서 부동산 사무실을 이용하는 사람이 많을 수밖에 없다. 교회에서 이왕이면 교회에 나오는 중개업소를 밀어주자 하여 특별히 밀어주고 있는 것이다.

좀 더 특이한 경우를 보자.

이모 중개업소 여사장, 그녀는 매주 월요일이면 등산을 다닌다.

아침 일찍 남들은 직장으로 출근하지만, 이 여사장은 등산배낭을

메고 지역 등산모임에 참석한다. 동네 마을금고에서 매주 월요일 개최하는 등산모임에 참석하기 위해서다. 등산모임 회원이 200명을 넘으니 과히 무시할 수 없다. 시의원, 구의원은 물론이고 새마을 청년회, 부녀회원 등 방귀깨나 뀌는 지역 인사들이 참석하니 중개업 여사장으로서는 이런 모임을 놓칠 수가 없다. 등산모임에 참여하여 중개업소 알리기에 힘쓴 결과 주요 인사들을 모르는 사람이 없다. 큰 재산을 얻은 셈이다.

한편 아파트단지에 부동산 사무실이 위치하고 있어서 부녀회 회원과 늘 모임도 하고 행사도 같이한다. 아파트 가격유지모임에도 참석하고 때로는 부녀회 기금도 내놓는다. 자연스레 아파트 매물을 독점하고 지역주민과 함께하여 불황을 모르고 사업을 영위하고 있다.

2-7 Smart 중개업소로 거듭나라

🏠 영어단어의 Smart는 맵시 있다, 영리하다, 똑똑하다, 멋진, 지혜, 지성을 포함하고 있다. 요즘 폭발적으로 사용자 수가 늘어나고 있는 스마트폰도 이러한 의미를 지니고 있다고 한다.

하루하루 일과를 부동산 중개 업무에 전념하다 보면 나 자신을 돌이켜볼 시간도 여력도 없는 것이 부동산 중개업무다. 이렇게 바쁘게 일하다 보면 다람쥐 쳇바퀴 돌 듯 자신의 중개업소가 어떤 방향으로 흘러가고 중개업자 자신이 어떤 위치에 있는지도 모른다.

이렇게 타성에 젖은 중개업무를 좀 더 맵시 있고 멋진 중개업무로 변화하기 위해서는 스마트한 중개업소로 변하여야 한다.

바쁜 일상에서 잠시 자신을 돌이켜 보고, 똑똑하고 멋진 스마트 중개업소로 변화하기 위해서는 무엇보다도 공인중개사가 전문 직업인으로서 최고가 되어야 한다. 그러기 위해서는 친절의 생활화로 고객을 모셔야 하고 늘 자기 개혁과 혁신을 통하여 변화를 이끌어 내야 하며 중개업을 통하여 어렵게 번 돈은 낭비하지 않고 철저하게 관리하여 중개업자로 성공하는 모습을 보여야 한다.

필자는 Smart 중개업소를 만들기 위하여 다음 다섯 가지 의미가 있는 영문 첫 이니셜로 Smart 단어를 만들었다. Smart 의미는 중개업소에 필요한 전문가, 친절봉사, 개혁과 혁신으로 변화를 추구, 철저한 돈 관리로 최고의 공인중개사로서 성공하기 의미를 지니고 있다.

✐ Smart 중개업소의 의미

- S – Specialist(전문가)
- M – Money management(철저한 돈 관리)
- A – Attention(친절, 배려, 도움)
- R – Revolution(개혁, 혁신으로 변화 추구)
- T – Top of the real estate agency(최고의 중개업소)

(1) Specialist(전문가)

스페셜리스트(전문가)라고 하면 흔히 변호사, 회계사, 세무사, 스포츠선수 등을 말한다. 이러한 스페셜리스트는 다른 사람이 결코 대신하기 어려운 능력을 갖춘 사람을 말한다. 그러므로 남과 비슷한 능력으로는 스페셜리스트가 될 수가 없다고 본다.

공인중개사 자격고시에 합격하였다고 하여 부동산 전문가라고 말할 수는 없다. 사실 주위에는 공인중개사는 많지만 진정한 전문가는 많지 않다고 본다.
공인중개사로서 전문가가 되려면 남들이 인정하여 주는 정도의 능력을 갖추어야 한다.

남들이 인정하여 주는 정도의 능력을 갖추려면 부단히 노력하여야 한다.
부동산에 관한 전문지식은 물론이고, 세무, 법률, 일반 상식 등에 탁월한 지식을 갖고 있어야 한다. 최소한 고객들로부터 "○○○ 문제를 해결하려면, ○○부동산으로 가면 해결된다." 식으로 남들이 인정하는 수준으로 능력을 갖추어야 한다.

그러기 위해서는 평소 자기 계발에 많은 힘을 기울이고 틈틈이 교육과 연수를 통하여 많은 지식을 습득하고 연마하여야 한다.

(2) Money management(돈 관리)

"부자가 되려면 부자 옆에 줄을 서라."/ "산삼밭에 가야 산삼을 캘 수 있다."

이 말은 부자가 되려는 사람에게 부자 되는 방법을 제시한 것이다.

부동산 중개업을 통하여 누구나 부자가 될 수 있다. 그렇지만 번 돈을 어떻게 지키느냐가 더 중요하다고 생각한다. 다시 말하여 Money control을 잘하여야 한다.

어렵게 모은 돈을 한순간에 날리기는 쉽기 때문이다. 부동산을 통하여 모은 돈으로 더 큰돈을 벌려고 허황된 투자를 하여서는 안 된다.

소위 주식투자, 시골에 땅 투기, 상권이 형성되지 않는 상가에 전 재산 투자, 검증되지 않는 사람과 새로운 사업에 동업하기 등 이러한 종류의 사업에 투자하는 것은 아주 위험요소가 많으므로 투자 시에 주의를 요한다. 중개업자는 자기가 주로 취급하는 것이 자기의 전문분야다. 여유자금이 있다면 자기의 전문 분야에 투자하는 것이 최선의 길이다.

(3) Attention(친절, 배려, 도움)

중개사가 아파트 한번 보여주고 수수료로 적게는 몇십만 원에서 많게는 몇백만 원 이상 받으니 남들이 보기에는 참으로 쉬운 일로 생각한다.
그래서 너도나도 중개업을 넘보는지도 모른다. 사실 현실을 모르고 하는 말이다. 한마디로 중개업이란 일은 참으로 힘든 일이다.

필자도 중개업소를 개업하기 전까지만 하여도 가만히 앉아서 일만 보며 돈을 쉽게 버는 직종으로 생각하였다. 중개업에 첫발을 내딛고 나서야 중개업이 얼마나 힘든 일인지 알았다. 중개업은 한마디로 몸 공(功)을 들여야 하는 사업이다.

하찮은 지하방 원룸 계약이라도 몇 번씩 보여주고 고객을 설득하며 고객에게 공을 들여야 한다. 이러한 과정 없이는 한 건(件)도 계약이 있을 수 없다. 이뿐인가 툭하면 고객과 싸워야 하고 때로는 구청 단속 때문에 문을 닫고 놀러 가야 하고 이러한 일련의 모든 것이 몸으로 때우지 않으면 안 되는 일 들이다.

이렇게 하찮은 계약을 위해서도 늘 고객에게 몸 공을 들여야 하고 친절 서비스로 무한 봉사 하지 않으면 안 된다. 중개업으로 성공하기 위해서는 친절 서비스는 필요 불가결한 요소임을 알아야 한다.

(4) Revolution(개혁, 혁신으로 변화추구)

　미국의 다르머스대학 고진다라빈 교수는 "파괴적으로 변하는 세상, 혁신적으로 변해야 산다."라고 하였다. 필름시장 절대 강자였던 코닥은 디지털 경쟁에서 뒤져서 2012년 파산하였다. 혁신을 멈추면 생존마저 위협받는 게 기업에서 정글의 법칙이다.

　부동산 중개업소도 늘 혁신하고 개혁하여야 한다.
　중개환경이 급격히 변하고 있어서 중개업자는 물론 중개업 스킬도 여기에 맞게 대응하여야 한다. 중개업자는 늘 자기를 채찍질하고 자기를 돌아봄으로써 더 나은 자기를 만들어 가야 한다. 그렇지 않으면 경쟁에서 도태되고 말 것이다.

　중개업 스킬도 늘 개혁되고 혁신되고 있다.
　가만히 앉아서 고객을 기다리던 영업에서 이제는 정보 통신과 스마트폰 보급으로 중개환경도 크게 변하고 있다. 고객들은 우선 스마트폰으로 원하는 물건을 검색하고 중개업소를 찾기 때문에 이런 환경에 발 빠르게 대응하여야 살아남는다.
　특히, 카페를 개설하여 네이버와 다음 사이트에 광고하고 특히, 블로그와 SNS 연계된 광고 전략은 참으로 혁신적이라 할 수 있다.

(5) Top of the real estate agency(최고의 중개업소)

1993년 삼성에서 신경영을 발표하면서 이건희 회장은, "마누라와 자식을 빼고 다 바꾸라 2등은 아무도 기억해 주지 않는다."라고 하였다.

중개업소에서도 최소한 중개행위를 영위하고 있는 자기의 지역에서 최고의 중개업소가 되어야 한다. 그렇지 않고서는 고객이 기억하여 주지 않는다.

필자가 운영하는 중개업소 주변에는 10곳 정도의 중개업소가 있다. 이 중에서 2곳 정도는 고객이 기억을 잘하여 적극 이용한다. 이 두 중개업소는 고객이 매물을 내놓으면 쉽게 팔아주고 임대차를 잘 맞춰주기 때문이다.

자기가 운영하는 중개업소 주변에서 최고가 되어야 한다. 그래야만 고객이 기억하여 이용하기 때문이다. 10년 이상 한곳에서 정직하게 중개업을 운영하라. 그래야만 주변에서 최고가 될 수 있고 주변 중개업소를 리드해 나갈 수 있다.

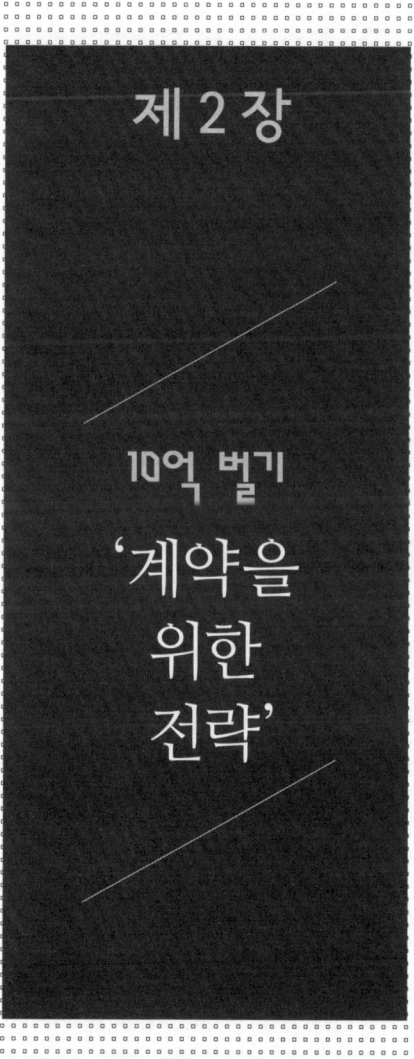

1 매물접수와 매물 보여주는 요령

🏠 고객이 처음 사무실을 방문했을 때, "어떻게 오셨어요?" 이렇게 응대하는 공인중개사들이 참 많다. 부동산 사무실을 찾는 손님은 대부분 집을 사러 왔든지 아니면 전세나 월세를 얻으러 오는 손님들이다. 가끔 길을 묻거나 팩스 정도 부탁하러 오는 사람도 있지만….

고객에게 "어떻게 오셨어요?"라고 말을 하면, "오지 못할 곳을 왔나?" 아니면 교통수단을 물어보는 것으로 이해하여 "지하철 타고 왔는데요."라고 동문서답할 수도 있다. 부동산 사무실에 오신 손님인 만큼 당연히 부동산 관련하여 오신 고객이다. 낯선 사무실에 처음 오신 고객이므로 긴장을 풀어주며 자연스럽게 대화를 이끌어 갈 수 있는 세심한 배려와 응대가 필요하다.

"어서 오세요." 인사한 후 날씨가 추우면 "날씨가 매우 춥죠. 커피 한잔 드릴까요?" 또는 "편히 앉으십시오."라고 응대하여 추운 날씨에 몸과 마음이 경직되어있는 고객으로 하여금 편안한 마음이 들도록 해야 한다.

방문한 고객과 짧은 시간 내에 친밀감을 형성하여 매물소개부터 현장 안내에 이르기까지 소위 아이다의 원리를 적용하여 주의 → 흥미 → 욕망 → 행동의 순서로 고객을 리드하여야 한다.

간단한 커피 타임(ice-breaking)을 갖은 후에는 고객이 스스로 자기의 용건을 말하도록 유도 하여야 한다.
고객이 용건을 말하기 시작하면 진지한 마음으로 경청하며 메모하라. 메모하는 모습에 고객은 더욱 믿음을 갖고 다가오기 때문이다.

고객에게 간단한 브리핑을 할 때는 말은 천천히 알아듣기 쉽게 똑똑하게 발음하며 지도를 가리켜 설명할 때에도 손가락으로 하는 것 보다는 단정한 태도로 지휘봉을 사용하여 브리핑하는 것이 좋다.

아울러 단정한 용모와 자신 있는 상담태도는 고객에게 좋은 이미지를 심어주기 때문에 항상 용모와 태도(말, 행동, 몸가짐, 첫인상)에 신경을 써서 응대하는 습관을 지녀야 한다.

■ 매물 접수하기

방문고객과 본격적인 대면은 매물을 접수하는 때부터 시작된다.
이때는 고객으로부터 가능한 한 많은 정보를 알아낼 기회이다.
가령 빌라를 팔아 달라고 내놓는다고 하면 대부분 중개사는 어떤 빌라이며 대지지분은 어떻게 되며, 고객의 전화번호 정도만 파악하여 장부에 기재하는 수준에서 끝내고 만다.

이런 방법으로 매물을 접수하여 고객이 다시 방문하였을 때 고객의 얼굴과 매물을 일치하여 기억하기란 쉽지가 않다. 매물이 많지 않고 한가한 사무실 같으면 기억할 수 있겠지만, 매물이 많고 사무실이 바쁜 경우에는 고객을 단번에 기억하기란 쉽지가 않다. 그래서 누가 봐도 알아볼 수 있도록 매물장 작성은 신중을 기하여 작성하여야 하고 틈나는 대로 장부를 들여다봐서 고객과 매물을 익히는 데 노력하여야 한다.

가령 단독주택 대지 45평 크기의 매물을 접수한다면, 기본적인 매물정보 이외에 다른 특징적인 사항을 기록하여 둔다면 다른 사람이 장부를 봐도 쉽게 고객과 매물을 기억할 수 있다.

"가격조절이 ○○○정도 가능하다 함, 북향주택이어서 신축용이 함, 시세대비 저렴하게 나왔음, 돈이 급하여 쉽게 팔 것 같음, 경상도 사투리 사용하며 50대 여성으로 좀 깐깐해 보임, 주차 문제로 다른 고객과 다투었음."

 이런 식으로 장부를 기록하면 고객과 매물을 기억하기 쉽고 다른 직원이나 제3자가 매물 장부를 봐도 매물의 특성을 쉽게 파악할 수 있다.

■ 매물 보여주기

 고객을 현장에 안내하여 매물을 보여주는 단계로 부동산 중개업에서 제일 중요한 단계이다. 매물을 어떻게 보여 주느냐에 따라 계약의 성사 여부가 결정되기 때문이다. 매물을 보여주는 동안 고객의 니즈를 파악하여 중개사가 적절히 대응하여 고객의 욕망을 더욱 북돋아야 한다.

(1) 매물 현황 파악

　고객이 부동산 사무실에 물건을 내놓을 때는, 중개사가 반드시 현장을 달려가서 물건 상태를 파악하여 쉽게 팔릴 수 있도록 매도인과 물건 포장 작업에 들어가야 한다.
　가령, 다세대주택 매물이 노후화되어 쉽게 팔리지 않을 것 같으면 주택 내부는 산뜻하게 페인트를 칠하고 도배와 장판만 깔아도 매물 상태는 매우 달라진다. 여기에다 싱크대와 문짝을 교체하고 화장실과 전기기구를 수리한다면 더욱 쉽게 팔릴 수 있고 제값을 받을 수가 있다.

　이렇게 매물 재포장 과정을 거치면 매도인과 더욱 친숙해질 수 있고 물건내용을 완전히 숙지할 수 있어서 완벽한 브리핑이 가능하다.

(2) 매물 현장 안내

1) 매물 현장 안내 전 체크 할 사항
- 고객과 약속시간이 정해지면 브리핑할 자료를 A4용지로 타이핑하여 준비한다.
- 고객의 니즈에 맞는 매물을 1, 2개 정도 준비하여 현황파악을 충분히 한다.
- 고객의 예상 질문을 사전에 준비하여 연습한다.
- 명함과 기타 준비 자료를 충분히 가지고 간다.
- 고객에게 첫인상을 좋게 하려면 표정과 몸가짐을 체크 한다.

2) 매물 현장 안내 시 휴대할 자료
- 각종 공부 자료(등기부 등본, 토지대장, 건축물관리대장, 토지이용계획확인원 등)
- 매물장부, 나침반, 매도인의 휴대번호와 자택전화번호, 메모지와 필기구 등

3) 매물 현장에서 브리핑
매물을 보여주러 갈 때는 시간을 잘 활용하여야 한다.
가까운 곳에 갈 때에는 매물에 집중하여 고객에게 설명이 필요하다.
반면, 매물이 약간 먼 곳에 있다면 현지 적응이 가능하도록 주변 오리엔테이션을 하면 더욱 좋다. 주변 여건을 비롯하여 학군, 맛집,

중국집, 시장, 은행 등 이사 후 적응을 빨리할 수 있도록 브리핑을 해주면 고객은 좋아하게 된다.

차로 이동 시에는 미리 길을 알아놓고 손님 앞에서 길을 헤매지 않도록 해야 한다. 찾는 매물도 미리 파악하여 두어야만 원활하게 상담할 수 있다. 그렇지 않으면 손님을 이리저리 모시고 다니는 황당한 경우를 겪을 수 있다.

매물을 브리핑할 때에는 고객의 욕망을 자극해 계약체결에 이르도록 하여야 한다. 그러기 위해서는 고객의 매수 욕구를 자극해야 한다.
물건의 현재와 미래의 투자가치, 자녀교육, 의료시설, 환경, 향후 지역개발 계획 등 종합적으로 설명하여 고객의 욕구를 고취해야 한다.
설명하는 중간 고객의 관심사항이나 물건의 단점에 대하여는 중개사가 적극적으로 개입하여 설명이 필요하고 중개사의 물건에 대한 확실한 믿음과 신념에 따라서 고객의 최종 의사결정을 좌우하게 되므로 이 점을 유념하여 브리핑하여야 한다.

물건을 보여 줄 때에도 많은 것을 보여주기보다는 2~3곳 정도를 보여주어 비교할 수 있도록 하여야 한다. 예를 들어 다가구 주택을 보여줄 때 처음에는 허름한 주택을 보여주고 다음에는 보통주택, 그리고 나중에는 아주 좋은 물건을 최종적으로 보여주면서 "손님이 찾는 가격대에서 이 물건이 가장 좋은 물건입니다."라고 멘트를 하여 고객으로 하여금 결론을 빨리 내도록 유도하여야 한다.

(3) 매물 보여주는 요령

매물을 보여 줄 때에는 매물 상태와 지리적 입지 등 종합적으로 고려하여 매수인에게 보여줘야 한다. 그렇지 않고 아무 생각 없이 매물을 보여 준다면 계약체결은 요원하다 할 수 있다.

- 보여주는 주택에 대하여 사전에 모든 정보를 파악하여 보여주어야 한다. 그래야 돌발적인 질문이 나와도 즉각 답변할 수 있다.
- 아파트를 보여 줄 때에 집주인이 없어서 부득이 보여주지 못할 경우, 잘 알고 지내는 다른 아파트호수를 먼저 보여주고 차후에 매수할 아파트를 보여주는 지혜가 필요하다.
- 보여주는 주택을 미리 연락하여 잘 보여줄 수 있도록 협조를 구한다.
- 보여주는 집이 골목에 있을 때는 가급적 큰길로 손님을 안내하라.
- 남향집이 아니어서 방이 어두운 매물은 고객보다 먼저 방에 들어가 불을 켜라.
- 지하철 소음이 많이 나는 주택을 보여 줄 때는 방문을 닫아 놓고 보여줘라.
- 주변 환경이 좋지 않은 매물은 다른 장점을 부각시켜 단점을 보완하라.
- 세입자가 사는데 불편하다는 얘기를 손님 앞에서 하지 않도록 주지시킨다.
- 주거에 필요한 식당, 은행, 동사무소, 편의점, 목욕탕 등을 소개하여

보여 준다.
- 가정집을 보여 줄 때는 남자보다는 여자 실장이 보여주는 것이 좋다.
- 매물은 항상 정리정돈을 하여 호감이 들도록 한다.
- 기온이 너무 높거나 추운 날씨는 가급적 피한다.
- 구옥은 밤에 보여주고 신축매물은 낮에 보여주라.
- 성업 중인 상가를 보여 줄 때는 손님처럼 가장하여 보여주는 것이 좋다.

2 효율적인 매물 브리핑

🏠 일반적으로 부동산 사무실에서 고객을 찾아 나서는 경우도 있지만 대부분 손님이 찾아오는 곳이 중개업소다. 그러니만큼 언제 어느 때에 고객이 찾아올지 알 수 없다. 고객이 미리 방문하겠다고 연락을 하고 찾아오는 경우에는 미리 자료를 준비하여 브리핑을 제대로 할 수 있지만, 준비되어있지 않는 상태에서 고객이 갑자기 찾아오면 브리핑을 원활하게 진행할 수 없다.

브리핑 자료가 완벽하게 준비되지 않았거나, 고객이 찾고자 하는 매물이 없거나, 중개사가 매물에 대하여 충분한 사전 지식이 없고 준비가 되어있지 아니할 때는 브리핑을 원활하게 진행할 수 없다.

한 건의 매매가 성립되려면 수많은 브리핑을 통하여 이루어진다.
물건의 상태에서부터 매물의 미래가치에 이르기까지 브리핑을 어떻게 하느냐에 따라 계약의 성사 여부가 결정되기 때문에 매물 브리핑 요령을 숙지하여 고객의 마음을 사로잡아야 계약으로 연결된다.

■ 브리핑 자료 사전 준비

브리핑을 원활하게 하려면 평소에 상품별로 브리핑 자료를 준비하여 언제라도 브리핑할 수 있도록 하여야 한다.

고객이 방문하여 자료에 의거 브리핑을 받을 때와 자료 없이 브리핑을 받을 때의 결과는 엄청난 차이를 나타낸다. 가령 오피스텔 분양 사무소를 찾아갔는데 각종 자료에 의거 설명을 들은 경우와 그냥 자료 없이 브리핑을 받은 경우 고객이 최종 투자 판단을 내릴 때는 각종 자료에 의거 판단을 내리기 때문에 브리핑 자료는 구체적인 수치와 내용으로 작성하여야 한다.

설명 자료를 작성할 때는 가급적이면 시각화를 하여 고객이 보기 좋게 작성하여야 하고 자료의 출처에 대하여는 '○○신문 ○○일자 경제면' 식으로 작성하여 출처를 정확히 밝히면 브리핑 자료를 더욱 신뢰할 수 있게 된다.

필자도 이러한 경험을 갖고 있다.
서울시에서 1차에서 3차에 이르기까지 뉴타운사업을 지정할 때 많은 투자자가 부동산 사무실을 찾았다. 그 당시에는 고객들이 뉴타운사업용어에 대하여도 생소하고 뉴타운사업에 대하여도 잘 알지 못하는 때였다. 오로지 중개사의 브리핑에 의존하여 투자할 때였다. 그렇지만 공인중개사 대부분은 인근에서 뉴타운사업이 진행되고 있어도 그 사업에 관하여 관심이 적었고 매물도 취급하지 아니하였다. 고객이 찾아오면 우리는 그런 것은 취급하지 않는다고 하여 그냥 돌려보내곤 하였다.

필자는 서울시에서 뉴타운사업을 처음 시작할 때 뉴타운사업에 대하여 자료를 모으고 연구하여 파일로 만들어 고객에게 브리핑하였다. 또한, 사무실 전면에 "뉴타운 투자상담 환영!"이란 현수막을 내걸고 고객에게 홍보하였다.

이렇게 하여 뉴타운 초기에 독점적으로 뉴타운 매물을 취급한 적이 있다.

중개사가 사업내용을 충분히 숙지하고 근거 있는 자료에 의하여 고객에게 브리핑하였더니 공인중개사를 신뢰하여 손쉽게 투자하였다.

■ 상품의 이점(利點)을 부각시켜라

자료를 만들어 설명할 때는 상품별로 매물의 이점을 부각시켜야 한다. 가령 오피스텔을 설명할 때에는,
"전철역 3분 이내에 위치하고 있으며, 풀 옵션으로 고객이 몸만 들어오면 되고, 더욱이 임대수요가 풍부하여 공실이 없으며, 항상 매수고객이 대기하고 있습니다."
이런 식으로 상품의 이점을 집중부각시켜 설명하여야 한다.

또한, 주택단지, 소형 도시형 생활주택을 브리핑한다면, "오피스텔과 가격대는 같지만 이런 이점이 있습니다. 재개발을 추진 중이어서 향후 소형 아파트도 배정받을 수 있고, 대지지분이 5평이나 되니 오피스텔과는 비교되지 않습니다. 또한, 월세도 오피스텔보다 조금 더 받을 수 있어서 투자하시려면 도시형생활주택을 투자하는 것이 여러 면에서 유리합니다." 이런 식으로 매물의 강점을 제시하면 좋다.

한편 고객들은 개발 호재에 따라서 움직이게 되어 있다.
이런 곳에서 중개업을 할 때는 개발내용에 대하여 중개사가 내용을 모두 숙지하고 있어야 한다. 최신 자료를 준비하여 자료에 의거 설명을 할 때 고객은 신뢰하고 접근하게 된다.

한번은 일산에서 역세권개발 소식을 듣고 여자 손님 두 분이 찾아오셨다.
이곳에 도착하여 여러 부동산을 돌아다녔지만 아무도 역세권개발 내용에 대하여 알지 못했다고 하였다. 다만 필자의 사무실에서는 모든 자료를 제시하여 개발 내용을 확실하게 설명을 했다 하면서 두 분은 즉시 계약을 한 경험이 있다.

고객이 소문을 듣고 찾아왔기 때문에 브리핑을 장황하게 할 필요도 없었다. 단지 개발한다는 확실한 근거와 현재 진행 사항을 진솔하게 설명하였더니 고객이 스스로 판단하여 투자하였고 이후 많은 고객을 모시고 오셨다.

■ 미래가치를 설명하라

개발 호재가 있는 부동산에 대하여는 현재의 가치보다는 미래가치를 적극 부각시켜 고객의 호응을 이끌어내야 한다.
"개발 전의 현재 모습은 형편이 없습니다."
"향후 5년 이내에 이곳은 서울의 한 중심부로서 신도시 개념의 새로운 아파트 단지가 들어서게 됩니다."
"더욱이 교통의 요충지로 KTX가 정차하게 되어 5년 후에는 가격이 기대 이상으로 오를 것입니다."
개발 후의 모습을 부각시켜 주면서 이전에 개발하여 성공한 강남이나 목동의 예를 들면서 설명하면 더욱 매력을 느끼게 될 것이다.

한편, 수익형 상품에 투자를 원하는 고객들에게는 수익률에 포커스를 두고 자료준비와 설명을 하여야 한다.
왜냐하면, 수익형 상품을 찾는 투자자들은 수익률 수치에 연연하기 때문이다.
가령 원룸빌딩을 매수하려는 고객이 "수익률이 잘 나오는 매물이 있습니까?"라고 질문을 받을 때는, 현재 원룸수익률은 ○○%이며 향후 전세를 월세로 최대한 전환하고 제1금융권 융자를 ○○○정도 받게 되면 수익률은 ○○%로 올라가게 되어 어느 원룸보다도 수익률은 높습니다. 이렇게 구체적인 수치와 자료에 의하여 설명하여야 한다.

3 고객을 '계약의 장'으로 이끌려면

🏠 축구경기에서 공격은 잘하지만, 문전 앞에서 헛발질하여 골을 넣지 못하는 선수가 있는가 하면 공격할 때 눈에 띄지는 않지만, 결정적일 때 한 방을 날려 게임 흐름을 한순간에 바꿔놓는 선수가 따로 있다. 필요할 때에 골을 만들어 내는 소위 골잡이를 말한다.

공인중개사도 마찬가지다.

중개사들이 수많은 상담을 하여 모든 상담을 계약으로 연결시키기란 어려운 일이다. 반면 상담은 대충 하는 것 같지만 늘 계약을 성사시켜 항상 기쁨이 넘치는 중개사도 있다. 이러한 중개사의 경우 본인만이 갖고 있는 계약의 노하우가 있기 때문이다.

부동산 중개업은 그 업무 특성상 계약서를 많이 작성하여야 한다. 그래야만 수입으로 연결되기 때문이다. 가령 이번 달에 계약서를 한 건도 작성하지 못하였을 경우 수입은 제로인 셈이다. 그러므로 상담과 브리핑을 통하여 고객으로 하여금 계약서를 쓰도록 하는 자(者)만이 유능한 중개사다. '꿩 잡는 게 매'란 말과 같이 상담 후에는 반드시 실속과 큰 성과가 나도록 해야 한다. 이렇게 하여 그달 계약된 계약서장 수가 많으면 많을수록 집에 가져갈 돈의 액수는 커진다고 할 수 있다.

며칠에 걸쳐 상담과 설득을 하여 계약에 이르게 된 고객도 계약 단계에서 깨지는 경우가 허다하고 계약서를 작성하는 도중에도 미묘한 차이로 계약이 무산되기도 한다. 그래서 흔히 부동산 계약은 도장을 찍은 후 계약금을 지불하고 쌍방이 자리를 뜰 때까지 안심하지 못한다고 한다.

국가 간의 대형 프로젝트 계약도 마찬가지다. 치열한 경쟁은 물론이거니와 여러 가지 변수가 많아 거의 성사된 계약이 무산되는 예가 많기 때문이다.

아랍에미리트(UAE)가 발주한 약 400억달러 규모의 원자력발전 건설 프로젝트에서 한국이 극적으로 수주에 성공한 사례가 있다. 이 수주는 건국 이래 최대 규모의 수주로 원자력을 가동한 지 30년 만에 한국형 원전수출을 이루어 냈다고 한다.

선진국과 치열한 경합을 벌였지만, 최종단계에서 이명박 대통령의 적극적인 비즈니스 외교로 최종 사업자로 선정되었다. 국가 대항전 성격의 수주 경쟁에서 대통령이 현지에 직접 달려가 계약을 성공적으로 이루어낸 것이다. 대통령의 한 방이 없었다면 아마 이 프로젝트 수주는 성공하지 못했을지도 모른다.

스텐퍼드 교수 시절 명강의 상을 수상하였고, 세계 경영 사상가 50인에 뽑히기도 한 짐 콜린스 교수는 무한 경쟁에서 살아남으려면 "자신만의 고슴도치를 찾아라."라고 하였다.

그는 여우와 고슴도치의 예를 들면서 자신만이 할 수 있는 재주를 찾을 때 이길 수 있다고 역설하였다.

"여우는 많은 것을 알지만, 고슴도치는 한 가지 큰 것을 안다. 여우가 공격할 때 몸을 말아 동그란 작은 공으로 변신하는 재주다." 여우가 훨씬 교활하지만, 이기는 것은 늘 고슴도치다.

그의 주장처럼 우리는 부동산 중개업에서 누구나 최고가 될 수가 있고 깊은 열정으로 일에 집중한다면 성공에 이를 수 있다고 본다. 자신만의 고슴도치가 무엇인지를 찾아내야 한다. 고객과의 상담을 통해 계약이 늘 성사 되도록 하는 나만의 큰 재주를 만들어야 한다.

■ 고객을 계약체결에까지 유도하려면

첫째, 고객의 마음을 읽어라.
부동산 중개업소에 찾아오는 손님의 매수 의사의 강약을 제대로 파악하지 못하면 축구경기에서 헛발질만 하는 선수와 다를 바 없다. 어떤 고객이 계약이 가능한 손님인지 아니면 그냥 정보만 얻으러 온 고객인지 파악하는 기술이 있어야 한다.

예를 들어,
고객: "어제 빌라를 매매하였는데 이쪽으로 소형 아파트를 알아보려고 왔습니다."
이런 손님은 집을 팔고 새로운 집을 구입하기 위해 찾아온 손님이다. 보통 매매가 되면 잔금지급기일이 두 달 이내이므로 그 기일 이내에 반드시 주택을 구입하여야 한다. 이런 고객은 상담을 통하여 계약 성사 가능성이 아주 높은 고객으로 고객응대에 만전을 기하여야 한다.

고객: "이 지역 뉴타운은 언제쯤 완공되나요?"
"그때쯤 아파트를 하나 매수하려고요."

이런 손님의 경우에는 적어도 1, 2년 후에야 집을 구입할 의사가 있음을 알 수 있다. 그야말로 정보만 입수하러 온 고객이다.
이같이 고객과의 간단한 몇 마디를 통하여 고객의 마음을 읽을 줄 알아야 한다.

둘째, 고객의 니즈를 파악하라.

고객과 상담 시 고객의 니즈(원하는 물건)를 정확히 파악해야 한다. 그래야만 다음 단계로 일이 쉽게 진행될 수 있다. 그러기 위해서는 우선 고객과 충분한 상담을 하여야 한다.

무엇보다도 고객으로 하여금 자신의 의사를 충분히 피력도록 하고 중개사는 경청해야 한다. 경청을 통하여 고객이 원하는 매수 가격대와 규모를 파악할 수 있다.

셋째, 몸 공(功)을 들여라.

고객과 첫 만남에서 고객의 니즈를 파악하게 되면, 부동산 중개업소에서 보유 중인 물건 중에서 가장 좋은 물건과 약간 순위에서 밀리는 물건을 선택하여 비교할 수 있도록 보여줘라.

중개사가 물건에 대하여 선입견을 품지 말고 판단은 고객 스스로 하도록 하되 고객이 약간 망설이는 경우에는 중개사가 나서서 결론을 내고 고객을 유도하여야 한다.

보유 중인 물건에 대하여 고객이 마음에 들지 않으면 몸 공(功)을 들여야 한다.

주변의 부동산 중개업소 모두를 다 뒤져서라도 고객이 원하는 물건을 찾아내야 한다. 고객이 발품을 팔아 좋은 물건을 찾듯이 중개사도 발품을 팔아 원하는 매물을 찾아내야 한다.

넷째, 이렇게도 안 되면 저렇게도 해봐라.

우리 속담에 "제 털 뽑아 제 구멍에 박는다."라는 말이 있다.

융통성이 부족한 사람을 두고 하는 말이다. 고객의 가용 예산이 3억 원인데 고객은 4억 원대의 매물을 보고 마음에 들어 할 때, 초보 공인중개사의 경우 예산에 맞지 않는 매물이라 하여 이 물건을 포기하고 다른 3억 원 범위 이내의 다른 매물만을 찾으려 할 것이다.

반면, 유능한 중개사는 절대로 포기하지 않을 것이다. 여러 가지 대안을 강구하여 계약을 진행하기 때문이다.

여러 대안 중의 하나로,
- 대출을 조금이라도 끼고 살 수 있는지를 타진한다.
- 전세 만기구조를 파악하여 전세금을 인상하면 매매할 수 있는지 파악한다.
- 월세구조를 파악하여 월세 인상 가능성 여부를 파악한다.
- 기존 제2금융권 대출을 제1금융권으로 전환하여 이자 부담을 낮출 수 있는지를 파악한다.

이렇게 여러 대안을 강구하면 3억 원의 가용예산으로도 4억 원의 매물을 쉽게 계약 성사시킬 수 있다고 생각한다.

다섯째, 계약체결 유도.

매수인이 원하는 물건이 마음에 들어 하고 가격대가 맞는다면 결론은 매수인이 내기 전에 공인중개사가 결론을 내고 매수인을 최종 설득하여야 한다.

　중개사가 자신 있는 태도와 믿음을 보여 줄 때 고객은 조금도 불안감을 갖지 않고 계약에 응하게 된다.

　심지어는 이런 고객도 있다. 중개사님께서 좋다고 하면 무조건 계약하겠다는 손님도 있다. 이런 고객의 경우 중개사를 고객이 완전히 믿고 신뢰하기 때문이다.

　고객이 계약 여부를 망설이고 있을 때는 중개사의 태도에 따라 최종 계약 여부가 결정됨을 명심하여야 한다.

4 계약서만큼은 완벽하게 작성하라

고객과 상담하여 계약체결단계에 이르면 제일 먼저 작성하는 것이 계약서이다. 계약서는 고객의 재산권에 관한 것이므로 깐깐하게 빈틈없이 작성하여야 한다.

계약서를 완벽하게 작성하지 않을 때 고객에게 피해를 줄 수도 있지만, 공인중개사에게 책임도 따르기 때문에 계약서만큼은 심혈을 기울여 작성하여야 한다.

이렇게 빈틈없이 작성한 계약서라도 계약서에 사인한 후 나중에 이의를 제기하는 사람이 의외로 많다. 이런 불상사를 사전에 방지하려면 쌍방 구두 합의 사항도 빠짐없이 계약서에 기재하는 것이 공인중개사에게 후일을 대비하여 좋은 일이다.

이런 고객도 있다. "계약할 의사가 전혀 없었는데 부동산 실장의 집요한 권유로 전세계약을 체결하였다."고 하면서, 계약 다음날 부동산 사무실에 찾아와 계약금을 돌려달라고 하면서 하루종일 시위하다 오후 10시 경찰의 중재로 그냥 집으로 돌아간 사례가 있다. 이처럼 계약서를 완벽하게 작성하였더라도 계약 내용 이외의 사항을 갖고 트집을 잡는 고객이 많으므로 계약서만큼은 완벽하게 작성하여야 한다.

■ 계약서 작성 전 준비 할 사항

(1) 가격 사전 조율

　모든 상담과 브리핑을 마친 후 매수인이 계약의사를 비칠 때는 가급적 계약서를 바로 쓰는 것이 좋다. 고객의 마음은 변화무쌍하여 언제 변할지 모르기 때문이다.

　모든 사항을 구두로 합의한 후 계약서는 다음날 쓰자고 하는 고객이 실제로 계약을 체결하는 경우는 드물다.

　계약금이 없다고 할 때에도 계약할 의사가 있다면 계약금 일부를 걸도록 유도하여 계약을 진행한 후 시간과 날짜를 정하여 나머지를 치르도록 하는 것이 바람직하다.

　매수인이 계약하겠으니 시간을 잡아 달라고 할 때에는 매도인과 가격에 대하여 미리 절충하는 것이 좋다. 계약서를 작성하는 시점에 가격 절충이 되지 아니하여 계약체결이 되지 않는 경우가 종종 있다.

　매매가격에 대하여 사전 조율 없이 계약을 진행할 때에는 중개사가 적극적으로 리드해야 한다. 이럴 때도 시간과 날짜를 정하는 과정에서 매도인의 가격 절충 여부 의사를 알아내어 대응하여야 한다. 매도인이 조금이라도 가격을 조정하여 줄 의향이 있다면 좋겠지만 그렇지 않다면 매수인에게 포커스를 맞추어 계약이 체결되도록 전략을 짜야 한다.

(2) 계약 시 준비사항

계약 매물에 대한 각종 공부사항, 등기부 등본, 건축물관리대장, 토지대장, 토지이용계획확인원을 발급받아 권리관계(압류, 가압류, 근저당, 가등기, 가처분 등)와 사실관계(무허가 여부, 위반건축물 여부, 과세상태, 임대차관계, 물리적 하자 등)를 확인하여 계약에 임한다.

(3) 계약 시 중개사가 확인할 사항

중개사는 등기부 등본과 매도인의 주민등록증을 제시받아 본인 여부를 매수인 앞에서 확인한 후 매수인에게 이를 확인하도록 한다.

대리인이 계약할 때에는 매도인의 위임장과 인감증명서를 제출받아 진정성 여부를 확인하고 대리인의 주민등록증에 의거 대리인의 자격을 확인한다.

미성년자의 경우 법정대리인의 확인을 요한다.

■ 계약서의 중요 내용 기재 방법

(1) 계약당사자 인적사항

　매도인의 경우는 주민등록증에 의거 소유주를 확인 후 도로명의 주소와 인적사항을 기재한다. 매수인의 경우도 주민등록상의 도로명과 인적사항을 기재한다.

　인적사항은 부동산 실거래가 신고 시에도 필요하므로 정확하게 기재하도록 한다.

　성명은 각자가 자필로 기재토록 하여 후일 분쟁 발생 시에 증빙 자료가 되도록 한다.

(2) 매매금액, 계약금, 중도금, 잔금

　계약금은 매매금액의 10%를 받는 것이 관례이지만 사안에 따라 달리할 수 있다. 부득이 매수인이 계약금 10%가 어려울 경우 계약 시에 일부를 걸고 계약 후 나머지 금액은 날짜를 별도 정하여 통장으로 입금토록 한다.

　중도금은 통상적으로 계약금 포함하여 매매금액의 50% 범위 이내에서 지급하도록 한다. 중도금 날짜는 1개월 이내로 정한다. 중도금이 없을 경우 중도금 기재란에는 중도금 없음을 표시한다. 이런 경우에는 가급적 계약금을 10% 이상 걸도록 한다.

　중도금이 없을 경우에는 계약금의 배액을 물고 해제할 우려가 있기 때문이다.

잔금 일자는 특별한 사정이 없으면 2달 이내로 한다.

특별히 정하여진 경우는 없고 쌍방이 합의하여 정하면 된다. 잔금란에는 계약금과 중도금을 차감한 금액을 기재한다. 금액 기재 시는 한글이나 한자로 기재하며 아라비아 숫자로는 적지 않는다.

(3) 매매부동산의 인도 날짜

부동산의 인도 날짜는 잔금 일과 동일하게 기재한다.

잔금과 부동산 등기서류와 부동산 인도가 동시이행임을 명시한다.

(4) 물건표시

등기부 등본, 토지대장, 건축물관리대장에 의거 정확히 기재한다.

(5) 특약사항

특약사항도 별도로 정하여진 사항은 없다. 단지 사안에 따라 쌍방의 합의 내용이나 구두 합의사항까지도 꼼꼼히 기재하여야 분쟁을 예방한다.

■ 잔금 시 확인할 사항

등기부 등본을 발급받아 등기부상 이상 유무를 확인한다.

매수인이 근저당, 임차권, 전세권을 인수 시는 해당 은행에 조회하여 원리금을 정산토록 한다. 세금과 공과금을 확인하여 정산한다.

잔금 치루기 1주일 전에 쌍방에 연락하여 잔금시간을 정한다.

매도인에게는 매도용 인감증명서, 등기권리증, 주민등록초본, 인감도장, 공과금정산 영수증, 공과금 정산을 위한 계량기 확인, 열쇠 등을 준비토록 한다.

매수인에게는 주민등록등본, 도장, 잔금을 준비토록 한다. 잔금은 매도인의 원하는 것(현금 또는 수표, 수표의 경우 1장 또는 여러 장 등)으로 준비하도록 한다.

법무사에 의뢰하여 등기비용을 산정하여 알려주고 신뢰가 가는 법무사를 이용하여야 한다. 아울러 등기에 필요한 부동산 실거래 신고필증도 준비한다.

5 계약서는 일사천리(一瀉千里)로 작성하라

🏠 계약서 작성은 부동산중개업에서 '꽃 중의 꽃'으로 표현될 만큼 중개업무의 최종 결정체라 할 수 있다. 그런 만큼 계약서 작성은 천천히 시간을 갖고 여유롭게 작성하여야 함에도 공인중개사는 왜 '일사천리'로 작성해야 한다고 할까?

부동산계약의 특성에서 그 해답을 찾을 수 있다.
계약서 작성 시에 고객에게 조금이라도 생각의 틈을 주게 되면 마음이 흔들리게 되어 계약이 성사되지 않을 확률이 높기 때문에 계약서를 일사천리로 작성하여 계약을 빨리 마무리하기 위함이다.

부동산 중개업소에서 계약한다는 것은 즐거운 일이다.
고객과 상담결과 한 건(件) 했다는 뿌듯함도 있지만, 무엇보다도 계약은 수입과 연결되기 때문에 더욱 기쁜 일이다. 그러므로 계약을 하기 위해 매도인과 매수인을 계약 장소에 모아 놓고 당사자의 합의를 원만하게 이끌어 내지 못하여 계약을 놓치는 사태를 없애야 한다.

계약서 작성은 마라토너가 42.195km를 달려 골인 지점에 도착하는 순간과 비교가 된다. 2시간 넘게 달려와 마지막 골인 지점에서 폭발적인 스퍼트로 들어오지 못하면 순위가 결정적으로 바뀌듯이 부동산계약도 어려운 상담을 거쳐 계약 시점에 이르러서 당사자의 미묘한 차이로 계약을 성공으로 이끌지 못하는 경우가 늘 있기 때문에 각별한 주의가 요구된다.

계약서 작성 시 중개업자와 계약당사자가 입장이 서로 다르다.
중개업자는 '계약성사 그 자체에 큰 무게'를 두고 온갖 열정과 에너지를 투입하여 계약에 매진하는 반면 계약 당사자는 전 재산이 왔다 갔다 할 정도로 중요한 사안이기 때문에 계약서의 세부조항이나 특약문구 하나하나에 집중하여 계약하고자 한다.

지당하신 말씀이다.
우리가 생선가게에서 고등어 하나를 구입할 때도 이것저것 살펴보고 최종 구입을 하는데 하물며 가족이 평생 모은 전 재산을 투입하는 계약을 완벽하게 하려는 것은 당연한 일이다.

■ 계약서를 일사천리로 작성하려면

(1) 계약서의 중요사항을 합의.

계약서를 일사천리로 작성하기 위해서는 계약서의 중요사항을 얼마나 빨리 합의점을 도출하느냐에 달려있다. 이러한 합의점은 당사자 이해가 엇갈리는 사항으로 계약 시점에서 중개사가 가장 중점을 두고 해야 할 일이다.

이 중요사항 합의가 원만하게 도출되면 다른 문제는 부수적인 사항으로 큰 문제가 되지 않는다.

✎ 계약 시 최우선 합의할 사항

- 매매금액: 계약시간 전까지 중개사가 유선을 통하여 또는 직접 당사자를 만나 매매금액을 절충한다. 그래야만 계약시간에 만나 몇 마디 덕담을 나눈 후 바로 계약서작성에 들어갈 수 있다.
- 계약금: 매매금액의 10%를 걸도록 하되 여의치 않을 경우 당사자 합의에 의한다. 다만 계약 금액이 너무 적을 경우에는 계약 해제 위험이 있으므로 주의를 요한다.
- 중도금: 계약금 포함하여 매매금액의 50% 범위 이내에서 정한다.
- 잔금 및 잔금 일자: 잔금 일자는 2달 이내로 정하되 당사자 합의에 따라 달리 정할 수 있다.

- 특약사항: 계약시간 전에 미리 어떤 사항을 특약사항으로 할 것인지 미리 준비하여 둔다.

(2) 계약서 작성에 방해되는 장애물을 미리 제거하라.

계약시간이 정해지면 가급적 모든 약속이나 미팅은 계약시간대를 피해서 정해야 한다. 이러한 약속이나 미팅이 계약시간과 겹치면 계약에 집중할 수 없고 어렵게 성사시킨 계약을 놓칠 수도 있기 때문이다.

계약서 작성 시에 걸려오는 업무적인 전화도 가급적 계약서를 작성하지 않은 실장이 받도록 하며 부득이 전화를 받을 수밖에 없는 상황이년 최대한 간단명료하게 끝낸 후 계약이 완료된 다음에 다시 통화하도록 한다.

(3) 컴퓨터, 프린터 등 정상 작동 여부를 미리 확인한다.

우리말에 "가는 날이 장날."이란 말이 있다.

평소에 잘 작동되던 컴퓨터나 프린터도 중요한 계약 시에 제대로 작동이 되지 않아 계약이 원만하게 진행되지 않을 때가 있다. 이런 경우 계약서를 작성하는 부동산 사장님은 물론 옆에서 기다리는 계약당사자를 불안하게 하며 심지어는 짜증 나게 할 수 있다. 그러므로 계약서 작성 전에 미리 기기 작동 여부를 점검하여 계약에 만전을 기한다.

(4) 농담이나 허튼소리는 금물이다.

계약 시 분위기를 좋게 하려고 계약서를 작성하면서 고객과 농담이나 허튼소리를 하는 중개사를 가끔 본다. 계약이 무사히 끝날 수도 있지만 대부분 계약서 내용이 충실하지 않게 된다. 이렇게 농담을 하면서 계약을 하게 되면 계약의 중요한 부분을 놓치거나 당사자가 원하는 내용대로 계약서가 작성되지 않을 수도 있으므로 계약 시에는 계약에만 집중하도록 하여야 한다.

(5) 하자(압류, 가압류, 근저당) 있는 매물은 어떻게 처리 하여야 할지 미리 정리하여 둔다.

계약대상 매물에 융자가 많거나 압류, 가압류 등 하자가 있어서 계약 시점에 논의하다 보면 시간이 많이 소요되고 당사자 간 이해가 상충되면 계약이 성사되지 않을 수도 있다. 이런 경우에는 계약 전에 어떻게 처리하여 계약을 진행할까 미리 그림을 그려놓고 계약에 임하면 원만하게 계약을 마칠 수 있다.

(6) 실장과 사장이 역할을 분담하라.

중요한 계약 시에는 부동산 실장과 사장이 역할 분담을 하여야 한다.

계약서를 부동산 사장이 작성할 때에는 실장은 확인 설명서를 작성하는 등 계약을 신속하게 마칠 수 있도록 협력하여 진행하여야 한다. 특히, 계약에 부수적인 영수증 작성, 공제증서, 계약당사자의 인적사항 파악 등은 실장이 맡아서 진행하여야 한다. 어느 사무소의 경우 계약서는 부동산 사장 혼자서 작성하고 실장은 옆에서 '남의 집

불구경하듯' 역할을 하지 않는 경우가 있다. 이렇게 되면 계약을 신속하게 마칠 수 없다.

⑺ 가장 숙련된 길을 택하라.
 숙달되지 않은 독수리타법으로 컴퓨터를 사용하여 장시간에 걸쳐 계약서를 작성하기보다는 수기로 직접 작성하는 것이 오히려 빨리 진행될 수 있다.
 워드프로세서를 능란하게 사용할 수 있는 사장이라면 중요하지 않은 내용은 미리 쳐 놓으면 계약서 작성에 도움이 된다.

⑻ 놀다리도 확인하고 또 확인하라.
 계약서를 작성하는 도중 계약에 도움이 되지 않는 언사는 중개사는 물론 계약당사자도 하지 말도록 주지시켜야 한다. 매도자 측에서 이미 팔았다고 생각하여 무심코 던진 한마디가 매수자의 판단을 흐리게 할 수 있다.
 가령 "지긋지긋하게 팔리지 않더니 이제야 팔리는구나!" 이렇게 무심코 던진 한마디는 매수자에게 전혀 도움이 되지 않는 말이다.
 공인중개사가 사전에 계약당사자에게 주지시켜 계약에 협조적인 언사만 하도록 하여야 한다.

⑼ 계약금을 미리 준비하도록 한다.
 매수인에게 계약금은 매매금액의 10%를 준비하도록 한다.
 가급적 수표 1매보다는 수표를 나누어서 가지고 오도록 한다. 그래야 부동산 수수료도 계약 시점에 받아 낼 수 있다. 계약금이 준비되지 않을 때는 일부만 지불하도록 하고 나머지는 계좌로 송금하는 방식을 택한다.

(10) 계약 시 필요한 물품을 미리 챙겨 놓는다.

계약서용지, 확인 설명서, 영수증, 등기부 등본 등 각종 공부사항과 인주, 도장, 필기구, 메모지, 계산기 등 필요한 물품을 미리 챙긴다.

아울러 계약 당사자 자리도 준비하여 계약에 차질이 없도록 한다.

6 수수료 받는 데도 요령이 필요하다

🏠 부동산 중개 역사는 객주(客主) 중 거간(居間)에서 그 기원을 찾는다. 이 중 부동산 매매 대차 등을 주로 하던 자들을 가쾌(家儈)라 하였다. 이들이 구성원이 되어 만든 것이 복덕방이었다. 이후 여러 번 법률이 바뀌어 오늘날 '공인 중개사의 업무 및 부동산 신고에 관한 법률'에 의거 복덕방 대신 공인중개사 사무소로 사용되고 있다. 지금도 나이가 좀 드신 분들은 공인중개사 사무실을 복덕방이란 용어로 많이 사용하고 있어서 아직도 복덕방이 더 친근하게 느껴지고 있는 것 같다.

공인중개사가 중개활동을 하는 주된 목적은 부동산중개를 알선하여 부동산 중개수수료, 즉 복비를 받기 위함이다. 부동산 중개수수료의 고전적 의미는 복비다.

복덕방 주인은 덕을 바탕으로 하여 의뢰인에게 복을 알선하여 주었고 이에 대한 비용으로 받는 것이 복비였다. 일종의 오늘날 팁으로 보면 무난하다. 현재의 의미는 복비가 아니라 일한 대가로 받는 정당한 보수다. 정당한 보수인데 왜, 하필 여기서 언급하느냐고 묻는다면 논할만한 충분한 가치가 있어서 그렇다고 말하고 싶다.

정당한 보수! 정당하게 받아야만 하는데 현실은 그렇지 못하다.

계약도 하기 전에 수수료가 얼마냐고 하면서 조금만 받으라고 우기는 고객도 있고, 잔금 시에 깎아 달라고 보채는 고객, 수수료를 임차인에게 전가시키고 나 몰라라 하는 임대인이 있으며, 계약하기 전 수수료를 듬뿍 주겠다고 약속하고 계약 후 태도를 바꾸는 고객 등 수수료에 대한 고객의 행태는 다양하여 수수료를 제대로 받기 어렵다고 감히 말하고 싶다.

부동산 중개수수료는 공인중개사가 매매, 임대차, 교환 등 중개 대가로 받는 보수로서 국토해양부 장관이나 특별시, 광역시 지자체가 조례로 정한 중개수수료 요율표에서 정한 범위 내에서 받을 수 있다. 그렇지만 실무에서는 법에서 정한 요율대로 제대로 받아 내기란 참 어려운 일이다.

중개업에서 업무의 중요도를 보면 1순위는 계약성사요, 2순위는 수수료 받기이다. 아무리 대형계약을 체결하였더라도 수수료를 제대로 받아내지 못하면 헛수고한 것이나 다름없다.

아파트 전세 3억 잔금을 치르고서 "수수료는 0.8% 2백4십만 원입니다." 하였더니,
"아파트 한 번 보여주고 부동산이 한 게 뭐 있느냐?" 하며,
"1백만 원만 지급하겠으니 그리 알라." 하고 자리를 떠나버리는 고객도 있다.

이렇듯 실컷 서비스를 받고도 수수료에 대하여 인색한 게 고객이다.

고객은 중개업자가 수고한 게 없는 계약으로 인식하면 수수료를 많이 깎아 달라고 요청을 하고, 중개업자가 고생을 많이 한 것으로 인식하게 되면 고생한 만큼 주려는 심리도 있어서 수수료를 잘 받기 위해서는 계약 초기부터 전략을 잘 세워야 한다.

■ 중개 완성 전 하여야 할 사항

① 몸 공(功)을 들여라

수수료를 제대로 받으려면 고객에게 몸 공을 들여야 한다. 중개사가 물건을 보여 줄 때도 귀찮아해서는 안 된다. 중개사가 한 곳을 보여주고 단번에 계약을 체결하기보다는 두세 곳을 전략적으로 보여주고 계약을 체결해야 한다. 그래야만 고객이 중개사가 고생했다는 생각을 들게 할 수 있다. 이렇게 계약 단계에서 고객에게 몸 공을 들여야만 고객이 감히 수수료를 깎지 못한다.

② 충분한 정보를 제공하라

계약 시에 고객에게 각종 공부사항을 열람하여 공부상 하자 여부를 충분히 알려주고 잔금 시에도 공부를 열람하여 이상 여부를 알려줘야 한다. 특히, 조그마한 하자라도 있을 시는 정보를 정확하게 알려줘서 중개사가 책임 있게 중개하고 있구나 하는 생각이 들도록 하여야 한다. 특히, 매매가 구청허가와 관련이 있거나 임대차가 용도에 적합한 물건인지를 알아볼 때도 중개사가 주도적으로 파악하여 고객이 수수료를 전부 지급하여도 조금도 아깝지 않다는 느낌이 들도록 하여야 한다.

③ 가격협상능력을 보여줘라

매매계약을 추진 시 매수인이 가격을 깎을 것을 예상하고 가격을 높게 브리핑하고 협상에 임하여야 한다. 예를 들어 3억 5천에 매물이 나왔다면 매수고객에게는 3억 6천에 브리핑을 하여 가격조정을 위해 최선을 다하겠다고 말하고 매수인에게 생색을 내면서 어렵게 가격을 흥정하는 모습을 보여줘야 수수료를 제대로 받을 수 있다.

④ 각 단계별 접촉을 잘해야 한다

공동중개 시 손님을 모시고 온 중개사는 모든 업무처리를 물건을 대는 부동산에 맡기고 중개 완성 후 수수료만 챙기려고 하는 부동산이 있다. 이렇게 하면 매수인은 공동중개를 한 중개사에게 수수료를 제대로 지급하지 않으려고 한다. 한마디로 "뭐한 게 있느냐?" 식으로 나온다. 공동중개를 할 때에 업무처리는 물건을 대는 중개사에 일임하지 말고 일 처리를 함께하여야 한다. 중도금, 잔금 때에도 손님을 모시고 온 부동산에서 고객에게 전화를 걸어 중도금 지급방법이라든지 잔금이행 절차에 대하여 소상히 설명하여 자기를 위하여 일하고 있다는 모습을 보여 주어야 한다.

■ 중개완성 후 수수료 잘 받는 노하우(knowhow)

① 계약 시에 받는 것이 제일 좋다

"저의 중개업소는 부동산 중개수수료를 계약 시에 받습니다."라고 문구를 붙여 놓고 계약 시부터 받는 풍토를 만들어 나가야 한다.

통상적으로 중개수수료를 잔금 시에 받도록 되어있다. 그렇지만 잔금 시에 받게 되면 수수료를 제대로 받지 못하는 리스크가 상존한다. 등기가 넘어가고 중개가 종료되면 당사자 입장이 변하기 때문이다. "화장실 갈 때와 올 때 마음이 바뀐다."라는 말이 있듯 중개완성 후 수수료를 제대로 주는 사람이 많지 않다. 중개 완성 후 수수료를 당연히 줘야 하는데도 다음에 주겠다. 심지어는 법정수수료 절반만 가져와 떼를 쓰는 고객도 있다.

이렇게 되면 고객과 언성이 높아지고 심지어는 법적으로 다투는 경우도 종종 있다. 그러므로 계약 시에 받아내는 것이 최선의 길이다. 계약 시에 받으려면 계약금을 준비할 때 수표 1매보다는 일정액의 현금을 갖고 오도록 유도하여 계약서 작성 후 받아 내는 길이 최선의 방법이다.

계약 전에 매매만 성사시켜주면 법정수수료 외에 듬뿍 더 주겠다고 공언한 고객에 대하여는 계약과 동시에 받아내야 한다. 이런 고객일수록 시간이 지나면 마음이 변하여 약속이행을 하지 않기 때문에 계약금을 받아서 주겠다는 다짐을 받고 계약서를 작성하여야 한다.

② 잔금 시에 받을 때

잔금 시에 받을 때는 제대로 받기 어려운 경우가 많으므로 받는 기술이 필요하다.

손님들이 대부분 수수료를 깎아 달라고 요구하면 난처할 때가 있다.

고객의 수수료 할인요구를 처음부터 없애려면 잔금을 치르고 난 후 미리 작성하여 둔 수수료 영수증을 제시하며 "법정수수료는 ○○○입니다." 하면서 정당하게 요구하여야 한다. 가급적 매도, 매수인이 함께 있는 자리에서 요구하여야 한다.

그래야만 분위기에 편승하여 매도, 매수인이 수수료를 깎지 못하고 지불하게 된다.

③ 수수료를 차일피일 미루고 안 줄 때

일 처리가 완벽하게 마무리되었음에도 수수료를 잔금 시까지 지불하지 않고 차일피일 미루는 고객이 가끔 있다. 이런 고객에 대하여는 우선 전화로 정중하게 요청하여야 한다. 그래도 지급하지 않을 때는 문자로 지급기일을 정하여 통장으로 입금토록 메시지를 보낸다. 문자메시지가 통하지 않을 때는 내용증명으로 최고하라. 내용증명에는 반드시 기일을 명시하되 해당기일까지 입금되지 않을 경우 가압류 등 법적으로 하겠다고 최고하면 대부분 수수료를 지불하여 준다.

④ 공인중개사의 고의, 과실 없이 계약이 해지 된 경우

이런 경우에도 부동산 수수료를 법적으로 받을 수 있다. 계약 시에 반드시 계약 쌍방에게 공인중개사의 고의, 과실 없이 해제된 경우에도

수수료를 부담한다는 사실을 고지하여야 한다. 그렇지만 계약이 해제된 경우 수수료를 부담하려는 고객은 거의 없다. 결론은 받아내기가 어렵다는 것이다. 특히, 계약금을 날리는 고객에게 수수료를 내라고 요구하면 중개업자에게 달려들어 따귀라도 때릴 것이다. 반면 계약금을 받아 챙긴 고객에 대하여는 계약금만큼 이득이 생겼으니 수수료를 달라고 요청하면 응하는 손님은 가끔 있다. 다만, 계약금액이 커서 수수료가 거액인 경우에는 법적 조치를 하여서라도 받아내야 한다.

⑤ 단골고객에 대하여는 수수료를 할인하여 줘라

지속적으로 거래가 빈번하게 이루어지는 원룸빌딩, 다가구주택, 단골고객에 대하여는 수수료 일부를 할인하여 주는 융통성을 발휘하여야 한다. 그렇지 않으면 매물을 타 중개업소에 내놓기 때문에 거래선 유지 측면에서 신축성 있게 할인하여 주어야 한다.

사무실 직원 임차주택을 몇 년 동안 계속적으로 이용한 고객이 있었다. 당연히 필자 사무실을 이용할 것으로 알고 있었는데 한번은 다른 사무소를 이용하는 것을 우연히 알게 되었다. 이유인즉 수수료를 깎아주지 않기 때문이라고 한다.

수수료는 제대로 받아내는 것이 중요하지만, 때로는 탄력적으로 할인하여 주는 요령이 필요하다.

⑥ 수수료 받을 때 주의 사항

현금영수증은 반드시 발행하여야 한다.

2014년부터는 중개업소도 현금영수증 발행이 의무화되어 있어서 이를 이행하지 않으면 행정조치를 받을 수 있기 때문에 주의를 요한다.

특히, 중개업자가 부득이 중개수수료를 과다하게 청구할 경우에는 수수료 영수증 발행은 법정수수료 금액 범위 내에서 발행하여야 한다. 그렇지 않을 경우 후일에 큰 화를 맞을 수도 있기 때문이다. 이럴 경우에는 통장으로 받는 것보다는 현금으로 받는 것이 안전하다 하겠다.

7 계약으로 연결하는 전화 응대

🏠 부동산 중개업소는 하루 일과를 전화로 시작해서 전화로 끝낸다.

출근하여 사무실 전화와 휴대폰으로 연결된 자동 연결시스템을 해제하고 퇴근 시에는 반대로 이를 연결하고 퇴근한다. 만약 중개업소에서 전화가 없다면 모든 업무는 마비될 것이고 영업 자체를 할 수 없을 것이다. 전화 응대를 잘하고 못하는 결과는 중개업소의 영업성과로 나타난다.

중개업소에서 전화를 받는 일은 매우 중요한 일이다. 전화를 얼마나 빨리, 정확하게 응대하느냐에 따라 고객이 자신의 중개업소에 방문할 수 있도록 하기 때문이다.

그러기 위해서는 주변 상품(아파트, 주택, 상가, 사무실 등)에 대하여 정확하게 파악하고 있어야 하며 특히, 자신의 중개업소에서 어떤 매물을 보유하고 있는지 잘 알고 있어야 전화 응대 시 즉각 대답할 수 있다.

그렇지 않고 전화문의가 왔을 때 빨리빨리 답변을 못하고 우물쭈물

하게 되면 고객의 신뢰를 얻어내지 못하여 손님을 놓치고 말게 될 것이다.

중개업소는 하루에도 수십 통의 전화가 걸려온다.
이중 대부분이 시세문의 전화다. 이러한 시세 문의 전화가 왔을 때 부동산을 사려는 고객인지 아니면 팔려는 고객인지 파악을 잘해야 한다.
그래야 적절한 브리핑이 가능하기 때문이다.

"영등포동 대림 아파트 405동 남향 중간층은 가격이 어느 정도 가나요?" 이렇게 전화로 구체적으로 물으면 틀림없이 팔려는 고객이다.
반면에 "신길 뉴타운 32평 아파트 가격대는 얼마나 가나요?" 식으로 두리뭉실하게 물으면 십 중 팔구 아파트를 사려는 고객이다.

부동산을 매도하려는 사람은 자기의 물건 가격에 대하여 대단히 민감하다.
그러므로 답변을 잘하여야 매물을 받을 수 있다. 자기가 희망하는 가격대를 마음속으로 정하고서 전화를 하였는데 중개업소에서 그보다 훨씬 낮은 가격으로 브리핑하면 그 고객은 물건을 내놓을 확률이 매우 낮다.

전화 응대로 답변을 할 때에는 "우성아파트 405동 남향은 4억 5천만 원입니다." 이렇게 단도직입적으로 답변하기보다는 종합적으로 브리핑하여 고객이 물건을 내놓도록 하여야 한다. "405동 남향의 경우 수리가 좀 되고 상태가 양호하다면 최근 거래가격대는 ○○○에서 ○○○으로 거래되고 있고 저층이나 탑 층의 경우는 이보다 ○○○정도 적은 가격대로 거래되고 있습니다."라고 답변하면 그 고객은 자기 나름대로 결론을 내고 우리 아파트는 ○○○으로 받아 주세요 하며 물건을 내놓는다. 이렇게 물건을 내놓으면서 "약간 조절이 가능하다.", "꼭 이 금액은 받아 달라." 식으로 조건을 붙여서 내놓을 수도 있다.

　전화 응대를 하다 보면 종합적으로 브리핑하였어도 자기의 물건을 시세보다 훨씬 높게 가격을 제시하는 고객도 가끔 있다. 이런 고객에 대하여도 "그 가격대는 절대로 팔리지 않습니다."라고 답변하기보다는 "네, 알겠습니다. 한 번 열심히 팔아 보겠습니다."라고 답변하면서 그냥 매물을 받아 두는 것이 좋다.

　한편 고객이 전화를 걸어 매수 문의를 할 때에는, 중개업소에서 팔기 쉬운 매물별로 매매와 전세를 구분하여 리스트화가 되어 있어야 한다. 그래야만 신속하게 대응하여 브리핑이 가능이다. 가령 "유치원을 하려는데 1층 아파트 매물이 있느냐?" 물었을 때 답변을 못하고 나중에 찾아서 전화하겠다고 하면 그 고객은 이 중개업소에는 적당한 물건이 없다고 판단하여 인근 다른 중개업소로 전화하거나 방문하게 되어 손님을 놓칠 수 있다.
　특히, 아파트 전세매물 같은 경우는 중개업소에서 정확한 리스트와 정보를 가지고 전화 응대를 하면 틀림없이 계약으로 연결할 수 있다.

전화 응대를 하여 고객과 약속시간이 정해지면, 고객에게 브리핑한 매물 이외에 한두 개 정도를 더 준비하여 보여주고 비교할 수 있도록 하여야 한다. 이렇게 하여서도 매물을 마음에 들어 하지 않으면 다른 대안을 검토하거나 다른 물건을 찾아 계약으로 연결하여야 한다.

■ 부동산 중개업소 전화 응대 기본자세

부동산 사무실에서 전화 응대를 효과적으로 수행하여 계약 성사에 이루게 하려면 전화 응대에 대한 기본적인 자세를 갖추고 업무에 임하여야 한다.

① 펜과 메모
일반적으로 전화통화는 가장 빠르고 정확하게 하여야 한다.
그러기 위해서는 전화기 주변에 항상 펜과 메모지를 비치하여 전화 응대를 효율적으로 기할 수 있도록 하여야 한다.

② 통화는 정확하게
일반적으로 전화통화는 알아듣기 쉽도록
· 분명한 표현으로 이해하기 쉬운 부동산 용어를 구사
· 조용하고 차분하며 적당한 크기로 통화한다.
· 목소리는 명확하게 전화 마무리는 분명하게 한다.

③ 신속한 수신

전화벨이 울리면 수신음 3회 이내에 신속하게 받는다.

고객을 모시고 매물을 보여주려 외출할 때 핸드폰과 연결하여 아무 때나 전화를 신속하게 받을 수 있도록 한다.

④ 전화를 늦게 받을 때

"○○○부동산 ○○○입니다. 늦게 받아서 죄송합니다." 하고 먼저 사과를 한 후 전화 통화를 한다.

⑤ 음성의 높낮이

전화통화를 할 때 볼륨이 너무 높아서 상대방이 통화하기 곤란한 경우가 있고, 전화 볼륨이 너무 낮아 상대방이 알아듣지 어려운 때도 있다.

전화통화의 이상적인 입과 송화기의 간격은 4~5cm 유지하는 것이 좋다. 전화통화 시 중개업소가 너무 시끄러울 때에는 이러한 상황을 해소한 후 통화를 하여야 한다.

⑥ 내용을 미리 준비하여 통화한다

중개 업무를 효과적으로 수행하기 위해서는 사전에 통화하려는 내용을 정리하여 간단명료하고 신속한 통화를 할 수 있도록 미리 준비한다.

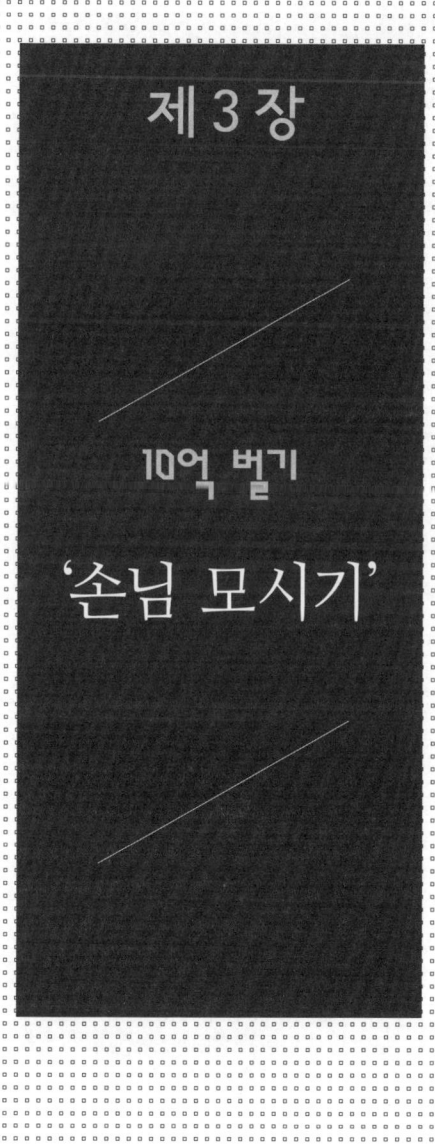

제 3 장

10억 벌기 '손님 모시기'

1 백번 잘하다 한번 잘못하면?

🏠 우리나라에서 수능시험 다음으로 가장 많이 응시하는 시험이 공인중개사 자격시험이다. 매년 15만 명 이상 응시하니 과히 국민 고시라 할 수 있다.
그러다 보니 한집 건너 부동산 자격증을 보유하고 있음 직하다.

그동안 직장인의 노후대비로 많이 응시하였으나 최근에는 대학생을 비롯하여 주부, 직장인, 젊은이 등 다양한 계층에서 도전하고 있다. 당장 중개업소를 개업하려는 사람도 있지만 대부분 장래를 대비하여 자격증을 취득하려는 사람들이다.
그래서 장롱 속 자격증이 많을 수밖에 없다.

흔히 대한민국을 아파트 공화국이라고 한다.
다른 주택에 비해 아파트가 상대적으로 많기 때문이다.
공인중개사 사무실도 이에 못지않다. 어떤 곳은 상가 전체가 공인중개사 사무실인 곳도 있으니 중개업이 얼마나 경쟁이 치열한가를 잘 보여 주고 있다.

최근 주택경기 불황으로 문을 여는 공인중개사보다 문을 닫는 공인중개사가 더 많다고 한다. 하루종일 전화 한 통화 없는 날이 허다하고 고객은 '가뭄에 콩 나는 것'처럼 찾아보기 어려우니 자신과의 인내력 싸움에서 밀리면 문을 닫아야 한다.

주택시장에 대한 인식변화가 주택시장에 큰 영향을 미치고 있다.
주택이 소유에서 거주개념으로 변화되어 주택에 대한 투자가 예전과 같지 않다.
어느 통계에 의하면 요즘 젊은이들은 주택구입보다는 자동차가 우선이란다. 소위 주택에 대한 소비자의 마인드가 서구화되고 있는 셈이다.

필자도 중개업을 개업한 지 10년이 지났다.
복덕방 개념의 중개사보다는 고객 만족 서비스 개념을 도입하여 전문 중개업자로 현업에 종사하고 있지만 모든 것이 그렇게 녹록하지는 않다. 오전 9시에 문을 열어 오후 9시에 문을 닫는다. 최근에는 경쟁이 더욱 치열하여 일요일에도 일한다.
다른 중개업소에서 일을 하니 손님을 놓치지 않으려고 일요일에 쉴 수도 없는 노릇이다. 그만큼 경쟁이 치열한 곳이 중개업 사무소이다.

시쳇말로 "퇴직 후 공인중개사나 하지 뭐." 이런 식으로 접근한다면 백전백패(白戰白敗)일 수밖에 없다. 공인중개사는 그야말로 전문분야 일자리다.
부동산 중개에 필요한 전문지식과 세무, 법률, 일반상식은 기본이요,

재테크 또는 인생 상담도 해야 한다. 전문분야 외에 부수적인 여러 가지 서비스를 제공하여야 하며 경쟁에 살아남기 위해서는 친절한 미소로 늘 고객을 맞이하여야 한다.

■ 100 - 1 = 99가 아닌 0이다

최근 태풍으로 농어민을 비롯하여 많은 국민이 피해를 입었다. 고객 중에 "아파트 유리창이 파손되었는데 어떻게 해야 되느냐?" "수도관이 녹물이 나오니 해결해 달라." 등 사후 서비스 요구가 많다. 이런 고객의 요구를 방관하여서는 안 된다.
서비스 현장에서는 수학공식이 적용되지 않기 때문이다.
100 - 1 = 99가 아닌 0이다. 고객은 백번 잘하다 한번 잘못하면 불친절 사무소로 평가하고 거래를 그만두고 새로운 곳으로 거래를 옮기기 때문이다.

고객과 접점에서 근무하는 직원의 접객태도가 고객응대 서비스를 좌우한다. 수학에서는 100 - 1 = 99이지만 중개업소에서는 100 - 1 = 0이라고 말할 수 있다.
평소 거의 무시되고 있는 직원, 상담요원, 주차안내원, 광고 등 고객과 접점에서 근무하는 직원이 고객과의 접점인 진실의 순간(MOT)에 제공하는 서비스에 따라 100점도 될 수 있고 0점도 될 수 있다.

고객은 한번 질 좋은 서비스를 받게 되면 항상 그러한 서비스 이상으로 제공 받기를 기대하고 찾는다. 고객이 기대하는 서비스보다 기대 이하의 서비스를 받게 되면 고객은 불친절 사무소로 규정하고 새로운 거래처를 찾기 때문이다.

공인중개사는 일종의 서비스맨이다.
손님에게 제공할 수 있는 것이 무엇인가를 살펴서 최대의 서비스를 제공하는데 진력을 다하여야 한다. 최대한 주는 것이 받는 것이라는 사실을 깨달아야 한다.

✐ 중개업소 고객 만족 요소

- 신속, 친절, 미소(speed, kindness, smile), 생동감(energy)
- 혁신적(revolutionary), 완벽한 계약(perfect contract), 약속이행(promise)
- 무한감동(impressive), 계약 후 서비스(A/S)

■ 서비스로 손님을 사로잡아라

"서비스 향상은 하루아침에 이루어지지 않지만, 서비스를 소홀히 하면 하루아침에 망할 수 있다."라는 말이 있다.

부동산시장이 침체 되면서 부동산 중개업계의 경쟁은 더욱 치열해져 서비스의 중요성은 더욱 크게 제기되고 있다.

항상 고자세로 임하던 구청 건축과와 부동산정보과 직원들이 민간 기업체 이상으로 서비스 능력이 향상되었고 문턱이 높다고만 하던 은행 대출이 이제는 고객을 찾아가서 세일하는 시대로 변화되었다.

이제는 변화하지 않고는 살아남기 어려운 시대.
서비스를 소홀히 하면 그 중개업소는 조만간에 문을 닫아야 할 상황을 맞이하기 때문에 서비스개선이 관심사로 떠오른 것이다.

이러한 서비스개선에 대한 중개업소의 몸부림에 고객입장에서는 기분 나쁜 일이 아니다. 서비스로 고객의 욕구를 충족시켜 주느냐 마느냐에 따라서 큰 결과를 낳게 한다.

제공 받는 서비스에 만족하게 되면 계속 고정고객으로 남게 되어 이익창출의 원천이 될 것이고 그렇지 못할 경우 매출 감소로 경쟁에서 도태되어 살아남기 어려울 수밖에 없을 것이다. 공인중개사로 발전하고 성공하려면 서비스로 고객을 사로잡아야 한다.

그동안 중개업소에서 일하는 중개사는 대부분 자격증을 취득하여 전문분야에 대한 지식은 상당히 높은 수준에 올라 있으나 대고객 서비스마인드는 상대적으로 부족하여 국민으로부터 중개업계 전체가 불친절하다는 얘기를 듣고 있다. 서비스마인드를 제공하여 부동산 중개업계 전체가 친절하다는 평가를 받을 수 있도록 최선을 다하여야 한다.

2 고객과의 접촉(MOT)에서 승부가 난다

🏠 서울 어느 중개업소 K 실장.

그녀는 계약 잘하기로 소문난 베테랑 공인중개사다. 어느 날 식사 도중 고객으로부터 K 실장에 관한 이야기를 많이 듣게 되었다.

"김 사장님은 참 좋겠어요. 참으로 유능한 실장을 두었으니."

"사실 계약을 하기 전 많은 고민을 하였습니다. 다른 부동산 중개업소와 계약을 저울질하다 K 실장 때문에 이곳에서 계약하였습니다." 하면서 K 실장에 대한 그의 느낌을 쫙 늘어놓았다.

K 실장을 칭찬한 내용은 다음과 같았다.

· K 실장은 사기 치지 않을 사람이다.
· 빈틈없이 일하여 신뢰감을 심어준다.
· 고객이 원하는 물건을 쉽게 찾아 주었다.
· 첫인상이 좋았다.

K 실장은 고객과의 첫 접촉(MOT)에서부터 계약이 종결(MOT)될

때까지 고객의 마음을 사로잡아 고객으로 하여금 최선의 선택을 하였다는 기분이 들도록 고객 접점(Moment of truth)에서 탁월한 능력을 발휘하였다. 고객은 두 개의 중개업소를 놓고 저울질하다 접점관리에서 마음에 든 중개업소를 계약상대로 선택하였다.

K 실장이 칭찬받은 4개 항목은 고객과의 접점에서 보여준 결정적 순간들이다.

고객과의 접촉에서 승부가 난다는 사실을 잘 보여주고 있는 사례다.

MOT(Moment of truth)란 고객과의 접촉, 진실의 순간을 의미한다. 스웨덴 마케팅 학자인 리차드 노만(R. Norman)이 서비스 품질관리에서 처음 사용하였다. MOT는 투우사가 소의 급소를 찌르는 순간을 말하여 피하려 해도 피할 수 없는 순간을 의미한다. 다시 말하여 결정적 순간을 말한다.

결정적 순간이란 고객과의 접촉하는 접점으로서 서비스를 제공하는 품질에 대해 어떤 인상을 받는 순간이나 사상(事象)을 말하며 일반적으로 고객이 종업원과 접촉하는 순간을 의미한다.

고객이 내방하여 경험하는 결정적 순간을 피할 수는 없다. 다만 -MOT를 +MOT로 고객이 느끼도록 서비스 환경을 개선하면 된다.

36세의 젊은 나이로 240억의 적자에 허덕이던 항공사 사장에 오른 얀 칼슨은 경영 방침을 고정자산에서 고객 개념으로 전환하여 1년 만에 640억 원의 흑자를 내는 항공사로 변모시켰다.

얀 칼슨은 MOT를 소개하기 위해 불결한 접시를 예로 들었다. 만약 탑승객들이 자신의 접시가 지저분하다는 것을 느끼게 되면 그 순간 탑승하고 있는 비행기가 불결하다고 판단하게 된다는 사실을 알게 되었다.

이처럼 MOT는 서비스제공자가 고객에게 서비스 품질을 보여 줄 수 있는 시간은 극히 짧지만, 고객의 인상을 좌우하는 극히 중요한 순간이다. 그러므로 고객을 대하는 종업원들은 짧은 순간에 그들로 하여금 최선의 선택을 하였다는 마음이 들도록 MOT에서 역할을 다하여야 한다.

부동산 중개업소도 이러한 결정적 순간은 계약이 종료될 때까지 고객은 적게는 몇 회, 많게는 10회 이상 경험하게 된다. 부동산 중개업소에서 겪게 되는 MOT를 보면 주차장, 출입구, 간판, 직원의 접객태도, 상담 및 브리핑, 물건 보여주기, 가격절충, 계약, 중도금, 잔금, 애프터서비스, 고객 소문 등 다양하게 많다.

가령 주차하기에 문제가 있는 중개업소의 경우 주차장을 개선하면 -MOT를 없애는 일이요, 부동산 매매 계약 시 가격절충을 잘하여 매수고객에게 흡족하게 매매를 진행하였다면 +MOT를 듬뿍 느끼도록 하는 것이다.

이처럼 접점에서 발생하는 진실의 순간에 고객에게 감동을 주었는지 아니면 불만을 제공하였는지는 고객만이 알고 있기 때문에 어려움이 있다.

이러한 진실의 순간은 상담직원에게만 국한되는 것이 아니고 중개업소 누구에게나 해당된다. 그러므로 접점에서 종사하는 모든 종사원이 고객 만족에 대한 마인드를 갖고 접점관리에 최선을 다하여야 한다.

3 고장 났는데요

🏠 처음 보는 손님이 급히 들어와 "이거 팩스 보내주세요." 한다.
　두 눈을 크게 뜬 부동산 사장님 "팩스 고장 났는데요." 한마디로 거절한다.
　정중하게 부탁해도 거절하기 일쑤인데 당연한 듯 요구하는 손님이 너무 뻔뻔하여 그런다. 이런 방법으로 부탁하였으면 어땠을까?
　"사장님 죄송합니다만, 이 번호로 팩스 좀 부탁합니다."

　예전의 중개인 사무실의 모습을 생각해보면 나이 많은 동네 어르신들로 늘 북적거린다. 바둑을 두기도 하고 때로는 화투 놀이를 하며 끼니때면 막걸리로 시장 끼니를 달래면서 시간 가는지를 모르는 곳이다. 중개는 뒷전이고 십 원짜리 계산하느라 손님 오는 줄도 모른다.

　이와 같이 복덕방은 중개를 영위하는 곳이지만 이웃과 정을 나누고 때로는 정보를 교환하며 다양한 사람들이 모여 격의 없이 담소를 나누며, 의사를 소통하는 곳이다. 반면에 요즘 공인중개사 사무실의 분위기는 정 반대다. 경쟁에서 살아남기 위해 동분서주하는 삶의 현장이다. 부동산 경기가 불황이 계속되어 어쩌다 손님 한 분 찾아오면 놓치지 않으려고 온갖 정성을 다 쏟아 부어도 계약 체결이 쉽지 않은 세상이다.

참으로 가여운 생각이 든다.
일찍 시작한 선배 중개사들은 이런 고생하지 않고 큰돈을 벌어 편히 들 쉬고 있는데 이게 웬 고생인가? 하고 생각을 할 때가 있다.

요즘은 부동산 자격증을 취득하여도 실무에서는 천양지차다.
부동산에 대한 고객 마인드가 변하였고 중개환경 또한, 점점 어려워지고 있다.
그런 결과로 중개업소마다 경쟁이 치열하여 수입은 계속 줄어들고 있다.
개업하려면 일정 기간 수습을 받아야 하고 나름대로 실력을 갖추어야 한다.
반면에 고객들은 어지간한 것은 인터넷을 통하여 모든 정보를 알고 찾아오기 때문에 대충 아는 지식으로는 중개사 해먹기가 너무 힘든 세상이 되었다.
공인중개사의 실력이 짧기보다는 손님들이 앞서 가고 있어서 완벽한 실무능력과 이론을 겸비한 공인중개만이 살아남을 것이다.

이렇게 경쟁이 치열하여 부동산 중개업소도 고객 위주 경영을 하다 보면 이를 좀 악용하는 황당한 고객들이 많다. 필자는 이들을 '매너 없는 사람'으로 부르고 싶다. 반면, 이들은 중개업소를 '동네북'으로 여기고 있는지도 모른다.

이런 매너 없는 사람들은 부동산 사무실을 말만 하면 다 해주는 것으로 인식하고 있다. 어느 중개업소 사장님 왈, "우리 사무실은 진정한 고객보다는 군더더기 손님만 있다."라고.

실제로 어느 중개업소든지 '개인적인 사소한 일' 보러 오는 손님이 많다. 일종의 개인적인 급한 일을 부탁하러 오는 사람들이다. 딱히 집을 나와 부탁할 만한 곳이 근처에 없어서 그럴 것이다.

문제는 이들의 매너에 있다.
우리 속담에 "오는 말이 고와야 가는 말이 곱다."라는 말이 있다.
서로 통하면 안 되는 게 없는 게 우리의 인지상정인데….

'핸드폰을 잃었다'며 부동산 전화로 5분 통화 후 인사 한마디 없이 가버리는 여성, 잔금 하느라 신경이 곤두서 있는데 팩스 뭉치 들고 와 징징거리는 눈치 없는 손님, '돈 주겠다며 등기부 열람' 후 그냥 가버리는 철면피, 찾던 길 한참 동안 설명을 듣고 말없이 가는 퀵 서비스, '잠깐 주차 부탁' 후 연락이 되지 않는 개념 없는 사람.

그 흔한 "감사합니다, 실례하였습니다." 한마디 인사말로 충분하고, 등기부 열람 조로 천 원짜리 한 장 넘겨주면 그만인데, 아니 처음부터 음료수 한 병 들고 와 부탁하면 될 일을….

왜들 이렇게 인색할까, 과분한 서비스를 받아서 그럴까? 아니면 당연한 서비스라 생각을 해서일까? 마음 같아서는 손님 불러 놓고 한마디씩 해주고 싶지만, 혹시라도 나중에 매물을 내놓지 않을까 두려워서 그냥 그만둔다.

톨스토이는 "어떠한 경우에도 인사란 부족하다고 느껴질 정도보다 지나치다고 생각할 정도로 하는 것이 좋다." 하였다.

최근 야당대표가 당대표 최고위원 경선에서 원내대표에게 90도로 허리를 굽혀 인사를 하였다. 소위 '당대표 인사법'으로 깍듯이 인사를 한 것이다. 다시 말하여 지나칠 정도로 하였지만 누가 꼬집는 사람이 없었다. 과히 파격적이다.

중개업소에 찾아오는 손님이 이렇게 인사성이 없는 것은 서비스를 제공하는 부동산 중개업소의 서비스가 부족하여 인사성이 없는지도 모른다.

"기왕 주려면 통 크게 다 주자." 말과 같이 무엇을 바라지 말고 화끈하게 서비스하자. 그들은 언젠가는 다시 큰 고객으로 찾아올 것이 확실하기 때문이다. 늘 고객을 경작하는 마음으로 먼 미래를 바라보고 모든 손님을 최고의 친절로 모시면 된다.

4 고객의 불만을 환영하라

🏠 A 손님: "출입문을 전자키로 바꿔주지 않으면 101호 입주 못 하겠는데요."

공인중개사: "그래도 잔금은 치러야 합니다."

A 손님: "암튼, 열쇠 교체하여 주지 않으면 잔금 안 치르고 입주 못 하겠는데요."

공인중개사: "임대인이 응하지 않는데 손님께서 양보하시면 안 될까요? 어쨌든 잔금을 치르지 않으면 계약금은 포기해야 합니다."

전세계약자와 공인중개사가 통화하는 내용 일부이다.

오피스텔 전세입주 예정자는 출입문 열쇠를 전자키로 교체하여 달라고 요구하고, 임대인은 현재의 열쇠로 그대로 사용하라는 요지다.

공인중개사의 입장에서는 어느 편을 들지도 못하는 상황이다. 다만 임차인에게 좀 더 설득하고 이해를 구하였어야 한다.

통상 임대차 계약 과정에서 임차인들은 자기의 요구사항을 공인중개사를 통하여 요구한다. 그러므로 중개사는 임차인과 똑같이 화난 모습으로 응대할 게 아니라 어떻게든 임차인을 설득하고 조율하여 계약이 잘 마무리 되도록 하였어야 한다.

고객 관련 통계에 의하면 서비스에 불만을 가진 사람 중 4%만이 직접 말로 불만을 표시하고 불만을 표시하는 고객은 최소한 6명 이상의 친지나 아는 사람에게 불만을 전파한다고 한다. 그러므로 불평하는 고객 한 사람 뒤에는 24명의 불만 자가 숨어있다는 것을 알아야 한다.

사실 모든 고객에게 100% 만족을 주는 제품과 서비스가 없다.
고객의 불만사항은 필연적으로 발생하기 마련이며 불만을 어떻게 처리하느냐에 따라 고객을 붙잡을 수도 있고 또 다른 불만고객을 양산할 수도 있다.

현대의 기업경영에서는 고객 만족만큼, 고객 불만관리도 더 중요하게 관리한다.
모든 고객에게 100% 만족을 줄 수 없기 때문에 고객의 불만을 어떻게 잘 관리 하느냐에 따라 그 중개업소의 미래도 달려 있다고 생각한다.

이제는 바야흐로 고객이 중개업소를 선택하여 거래하는 시대다.
한 집 건너 중개업소가 있기 때문에 고객은 한 번 불만을 품은 중개업소를 이용하지 않고 얼마든지 다른 중개업소에서 일을 볼 수 있다.

중개업소는 고객이 찾아오지 않으면 생존할 수 없지만, 고객은 얼마든지 다른 중개업소에서 좋은 서비스를 받을 수 있다.

작금의 공인중개사들은 고객의 불평, 불만사항을 적극적으로 해결하려는 노력과 의지가 부족하다. 그런 결과 불만을 가진 고객의 입소문은 과장되어 눈 덩어리처럼 불어나 기존고객은 물론 잠재고객까지 잃는 상황을 맞이하게 된다.

특히, 중개업소는 지역을 기반으로 하여 영업을 영위하는 업종으로 지역사회에서 도태되면 설 자리가 없기 때문에 불만고객관리에 만전을 기히여야 한다.

중개업소에서 만족한 서비스를 한번 경험한 고객은 항상 그 이상에 양질의 서비스를 기대하고 원한다. 그만큼 고객은 서비스에 민감하다. 만약 중개업소에서 불만족한 경험을 갖게 되면 서비스가 좋았을 때보다 훨씬 더 큰 불만을 갖게 되어 이의 파급효과는 대단히 크다.

비디오 재생기와 관련하여 발생한 고객 불만사항을 제대로 처리하지 못하여 큰 어려움을 겪은 도시바 사례는 이를 잘 보여주고 있다. 도시바의 한 고객이 불친절한 도시바 직원의 폭언내용을 자신의 홈페이지에 올려 조회 수가 200만 이상 되었다.

사회적으로 큰 이슈가 되자 결국 회사 홈페이지에 사죄문을 발표해야만 하는 상황을 맞이하였다.

고객으로부터 입수한 사소한 불만사항이라도 간과해서는 안 되며 불만을 제기하는 고객이 진정한 고객임을 명심하여야 한다.

■ 불만고객이 있기에 서비스가 필요하다

배추 파동으로 한 때 배추가격이 금값이 된 때가 있었다.
한국 사람은 식사 때 김치가 없다면 아무리 좋은 고기반찬에 식사를 잘하였어도 식사 후 뭔가 허전함을 느낀다.

한번은 강남의 중국집에서 식사하였다.
음식에 김치가 나오지 않았다. 종업원에게 김치를 부탁하여 식사하던 중 김치를 더 달라고 요구하니 종업원이 휙 쳐다보더니 "조금 남아 있잖아요." 하며 핀잔을 한다. 조금 남아 있는 김치에 맞추어 식사하라는 명령조이다. 한번 주었으면 그만이지 자꾸 비싼 김치를 요구하느냐는 식이다.

공동중개를 하기로 하고 약속한 날짜에 상대 중개업소에 손님을 모시고 갔다.
그 물건은 이미 자기네 사무실에서 계약하였다고 한다. 약속하고 왔다고 하자, "그냥 온다고 했지, 언제 계약하러 온다고 하였느냐?"고 반문한다.
이런 경험을 한 공인중개사가 또다시 이 중개업소를 이용할까?

시끄러운 음악 소리에 시속 120Km로 달리는 택시 기사에게 조금 천천히 달리라고 하니 손님이 오늘 회사 입금을 책임질 것이냐고 따진다.

이러한 사례들은 고객중심이 아닌 서비스제공자 중심의 사고에서 나온 것이다.

거래하고 싶으면 거래하고, 싫으면 그만두라는 식이다. 고객은 무언가 필요로 하고 부족하여 마음에 들지 않기 때문에 불만을 제기하지만 받아들여지지 않는다.

서비스에 감각이 조금만 있다면 냉큼 김치를 더 리필하면 되고 음아 소리를 낮추고 택시 속도를 줄여주면 된다. 공동중개가 어렵게 되었으면 전화 한 통화로 양해를 구하면 된다.

친절서비스가 거창한 게 아니다.
고객을 배려해주고 도와주고 문제를 해결하여 주는 것이 서비스다. 불평하는 고객이 있기에 서비스가 필요하고 존재하는 것이다.

왜 고객이 불만을 제기할까?
그것은 서비스가 고객의 기대에 못 미치기 때문이다. 일 처리가 지연되고 직원의 사소한 실수와 무례함 그리고 고객과의 약속 불이행 탓이다.
약속된 시간까지 지켜지지 않는 서비스는 불만족을 주게 되고 중개업소 직원의 단정적인 거절이나 책임 전가는 신뢰를 떨어뜨린다.

■ 불만고객 대처 방법

첫째, 우선 고객에게 사과하고 불만을 경청하라.

불만 고객을 잠재우는 자세는 "죄송합니다. 미안합니다."라고 사과하는 한마디가 문제 해결의 시작이다. 그런 다음에 고객의 요구사항을 끝까지 집중하여 들어야 한다. 그래야만 문제의 핵심사항을 파악할 수 있다. 아울러 고객의 불만을 이해하고 걱정을 같이 한다는 인상을 고객에게 심어준다. 부동산 실장과 고객이 싸우고 있을 때는 사장이 직접 나서서 먼저 사과를 한 후 경청하여 처리하는 것이 낫다.

둘째, 고객과 마찰이 생기면 삼변주의를 적용하라.

- 응대자를 바꾼다.
  실장보다는 사장이 직접 나서서 양해를 구하고 설득을 하여야 고객이 목소리를 낮춘다.

- 장소를 바꾼다.
  영업장보다는 조용한 안쪽으로 안내하여 고객의 불만사항을 듣고 해소하는데 주력한다.

- 화제를 바꾼다.
  처음부터 불만내용을 단도직입적으로 해결하지 말고 문제가 발생한 원인부터 접근하여 가면서 고객의 불만 사항을 처리하라.

셋째, 신속히 대응하여 해소하라.

고객의 불만을 듣고도 그냥 있다거나 어물어물 지나가면 고객은 더욱 화가 나 소리를 크게 지르고 문제를 더 심각하게 만든다.

"고객은 항상 옳다."는 말과 같이 고객이 설령 잘못이 있더라도 친절하게 응대하여 고객을 납득시켜야 한다.

넷째, 대안을 강구하고 성실히 임한다.

고객에게 대안을 제시하라. 이 대안으로 다 할 수 없을 때에는 최선의 대안을 다시 제시하라. 그리고 이행 사항을 만족하였는지를 꼭 확인하여야 한다.

불만고객을 포기하고 말 것인가 아니면 귀중한 고객의 한 사람으로 끝까지 정성으로 모실 건가 그것이 문제로다. 성공적인 중개업소를 이끌려면 불만고객을 절대로 포기하지 말아야 한다. 늘 적절한 대책을 강구하고 고객 만족을 이끌어 내는데 최선을 다한다면 불만고객은 중개업소 최고의 단골고객으로 변할 것이다.

5 고객의 비밀은 무덤까지 갖고 가라

🏠 한번은 인근 중개업소를 단골로 이용하는 여자 손님이 찾아오셨다. 화가 난 표정이고 사무실을 처음 방문하였기에 진지하게 끝까지 들어 주었다.

이 고객의 하소연은 이러하였다.
자기 집을 사고팔 때는 같은 교회에 다니는 '칭찬 부동산에서 계약'을 늘 하였다고 한다. 특히, 주변 교회 신자들에게도 이 칭찬 부동산을 홍보하여,
"집 사려면 칭찬 부동산을 이용해."
"나도 칭찬 부동산에서 주택을 싸게 잘 구입했어." 이런 식으로 홍보하여 교회 신도들의 모임장소로 활용되기도 하고 신도들이 오가다 들려 커피를 마시며 담소를 격의 없이 나눈다고 하였다.

이 고객은 최근에 아들의 빚보증을 수습하려고 살던 주택을 매매하였다. 다른 부동산도 많지만, 이왕이면 잘 아는 중개업소에서 계약하자 하여 이 칭찬 중개업소를 이용하였다고 한다.

아들 문제로 살던 집을 팔고 전셋집으로 옮기는 것이 자존심 상하는 일이라,

"절대로 교회 신자에게는 비밀로 하여 주십시오." 간곡히 부탁하였다.

이러한 간곡한 부탁에도 불구하고,

"아들이 사고를 쳐, 집을 팔고 전셋집으로 이사한대." 이렇게 소문을 퍼뜨려 창피하여 동네에서 살 수 없으니 집을 빨리 빼주라고 하였다.

마이클 레빈은 깨진 유리창 법칙〈Broken windows, Broken business〉이라는 책에서 비즈니스나 인간관계에선 누구나 사소한 실수를 할 수 있다 하였다. 이러한 실수를 고치지 않고 그냥 지나가면 미래의 불확실한 변화를 가져온다고 그는 주장하였다.

깨진 유리창은 범죄학에서 도입해 큰 성과를 거둬 비즈니스 세계에 접목되었다.

특히, 서비스 분야에서 사소한 실수를 개선하지 않는다면 치명적인 결과를 초래한다고 강조하였다.

"불평하는 한 사람의 고객 뒤에는 수백 명의 불평하는 고객이 숨어있다."는 사실을 알아야 한다.

칭찬 부동산은 중개업자의 윤리를 망각하고 고객의 비밀을 함부로 발설하였다.

중개업자는 일 처리 하면서 자연스럽게 고객의 비밀을 알게 된다. 이러한 비밀은 끝까지 지켜주는 것이 중개업자의 신성한 의무요, 기본

매너이다.

이러한 중개업자의 비밀 준수에 대하여 중개업법 16조에 의하면,

"중개업자는 다른 법률에 특별한 규정이 있는 경우를 제외하고는 그 직무상 알게 된 비밀을 누설하여서는 안 된다. 그 직을 떠난 후에도 또한, 같다."고 명시하고 있다.

부동산 중개업은 고객의 귀중한 재산을 다루는 일로 고객의 사적인 비밀을 자연스럽게 알게 된다. "어느 집 아들은 이혼하였고, 단독주택을 불법 증축하여 김 사장은 이행강제금을 부담하고, 옆집 이사장은 재산 문제로 형제간 소송 중에 있고." 이러한 사항은 모두 고객의 중요한 비밀사항으로 무덤까지 갖고 가야 한다.

그렇지 않으면 '깨진 유리창 법칙'에서와 같이 치명적인 일을 당할 수 있기 때문이다.

■ 낮말은 새가 듣고 밤말은 쥐가 듣는다

아파트 매수고객과 이틀에 걸쳐 상담하였다.

상담결과 매도인이 받아 달라는 금액에서 1천만 원을 더 깎아주면 매수하겠다는 의사를 비쳤다. 다행히 매도인과 가격이 절충되어 약속 시간에 매수인은 시어머니를 모시고 나왔다.

가격이 이미 절충이 되어 계약서를 작성하려는데, 시어머니가 나서

서 절충가격에서 또 1천만 원을 깎아 주어야 계약을 하겠다고 하였다. 옥신각신 끝에 매도인의 양보로 시세보다 4천만 원 싸게 구입하였다.

계약 후 5일이 지나 매수인으로부터 전화를 받았다.
"계약 시 시어머니가 나타나 아파트를 엄청 깎아서 샀다."
이런 소문으로 창피하여 아파트 입주가 어려우니 피해 보상을 하라는 전화였다.
경위가 어떻게 되었던 소중한 고객의 정보가 흘러나간 것에 대하여 백배사죄를 하였다. 아파트를 비싸게 매수한 것도 아니고 좋은 가격에 매수하였는데 뭐가 문제가 되느냐, 요즘은 아파트 가격이 공시되기 때문에 큰 문제가 되지 않는다고 설명하였다. 고객은 정보가 유출되어 남의 입에 오르내리는 것에 대하여 기분이 나쁘고 화가 나서 참을 수 없다고 하였다.

이유인즉 그 아파트를 몇 개월 동안 매수하려고 하였던 1층 세입자와 매매 상담을 하던 중 "그 아파트는 이러저러한 과정을 거쳐 좀 싸게 매매되었다."라고 상담과정에서 얘기하였는데, 그 고객이 아파트 반상회에서 발설한 것이다.

인간은 자고로 남의 얘기를 좋아한다.
남 얘기를 빼면 할 얘기가 없을 정도로 남을 험담하는데 앞장선다.
특히, "비밀 사항이니 너만 알고 있어." 하고 한 말도 비밀을 지키지 못해 안달이 난다. 이러한 사람은 인간관계에서 신뢰가 무너진다.

부동산 중개업에 종사하는 사람은 입이 특히, 무거워야 한다.

남을 험담하여서는 절대로 안 되며, 더구나 고객의 중요한 정보와 관련해서는 업무처리 과정에서도 언행에 신중을 기하여 처리하여야 한다.

■ 중개업자의 의무사항

(1) 공정한 업무처리
- 중개업자는 전문직업인으로서 품위를 유지하고 신의와 성실로써 공정하게 중개행위를 하여야 한다.
- 중개업자는 중개대상물에 대하여 중개가 완성된 때에는 필요한 사항을 빠뜨리지 않고 확인하여 계약서를 작성하고 이에 서명날인을 하고 그 사본을 보관하여야 한다.
- 중개업자는 거래계약서를 작성한 때는 거래금액 등 거래내용을 허위로 작성하여서는 안 된다.

(2) 비밀을 지킬 의무

중개업자는 다른 법률에 특별히 규정이 있는 경우를 제외하고는 그 직무상 알게 된 비밀을 누설하여서는 아니 된다. 중개업자는 그 직을 떠난 후에도 또한, 같다.

(3) 중개대상물 확인 설명 의무

중개업자가 중개대상물에 대하여 매매나 임대차 등의 중개의뢰를 받은 경우 해당 물건의 각종 내용을 공부조사와 현장 확인을 통하여 매도, 매수인에게 성실하게 설명하고 소정양식에 의거 작성 교부하여야 한다.

(4) 등록증 게시의무

중개업자는 등록증, 중개수수료 요율표를 당해 중개사무소에 게시하여야 한다.

제 4 장

10억 벌기 '고객관리'

1 최고의 고객은 공인중개사다

🏠 부동산 사무실을 찾는 고객을 다음과 같이 분류할 수 있다.

- 방문고객(walking customer)
- 전화고객(unvisual customer)
- 단골고객(patron customer)
- 공인중개사(real estate agent)

방문고객은 고객이 부동산을 선택하여 찾아오는 고객으로, 그야말로 입지가 양호하고 고객 동선이 좋으면 얼마든지 찾아올 수 있는 고객을 말한다. 설사 중개업소 직원이 불친절하더라도 부동산 자리의 좋고 나쁨에 따라서 방문고객의 수는 크게 달라진다.

전화고객은 각종 언론 매체의 광고를 보고 매수상담이나 매도문의를 하는 고객을 말한다. 그러므로 전화고객 역시 광고비를 많이 들여 인터넷상이나 부동산 사이트에 홍보하면 할수록 고객이 늘어나는 특징이 있다. 다시 말하여 돈을 쏟아 부으면 그만큼 광고 효과를 누릴 수 있는 것이 전화고객이다.

한자리에서 부동산 중개업을 오래 하다 보면 단골고객은 자연스럽게 늘어난다.

재투자 상담을 하기도 하며 친지 또는 이웃에 소개하여 새로운 고객을 모시고 오는 경우도 있다. 부동산 계약이 완료되어 큰 트러블 없이 잔금까지 진행된 경우 고객의 대부분은 계약한 부동산을 다시 찾는다. 인간 생리상 낯선 사람을 상대하기보다는 친숙하고 한번 만났던 사람을 만나기 좋아하기 때문에 부동산을 매수한 고객은 더 좋은 조건으로 물건을 팔아 달라고 할 것이고 세입자들은 전세가 만기가 되어 다른 곳으로 이사할 때에는 자기가 계약한 부동산에 매물을 다시 내놓기 때문에 단골고객은 조금만 관리하면 오래 유지될 수 있는 특징이 있다.

중개업자들에 의하면, "10명의 손님보다 1명의 공인중개사가 더 소중하다."란 말이 있다. 모든 고객 중에서 공인중개사가 최고의 고객이란 뜻이다. 공동중개를 위해서 인근 부동산 사무소에 손님을 모시고 가기도 하지만 대부분 손님을 모시고 찾아오는 경우가 많다.

이렇게 공동중개를 통하여 계약된 것이 필자의 경험으로 볼 때 전체 계약의 20% 이상을 차지하였다. 이만큼 공동중개는 부동산계약의 한 축을 담당하기 때문에 다른 어떤 고객보다도 정성을 다하여 모셔야 하고 신경을 많이 써야 할 고객이다.

공동중개는 큰 수고 없이 성사되는 경우가 많다. 상대 중개업소에서 미리 브리핑을 받아 사전 조율을 하여 찾아오기 때문에 계약이 성사될 가능성이 아주 높다.

한마디로, 물건을 대는 중개업소 쪽에서는 '누워서 떡 먹기'처럼 쉽게 계약이 진행된다. 그러니 공동중개의 중요성을 아무리 강조해도 지나치지 않다고 말할 수 있다.

방문고객을 응대하여 계약에 이르기까지는 참으로 어려운 과정을 거쳐야 한다.

힌 건(件)의 계약을 위해 공인중개사가 쏟아 붙는 정성과 열정에 대하여 중개업을 경험해본 사람만이 그 어려움을 알 수 있다. 이렇게 어렵고 힘든 과정을 거쳐서 한 건의 계약을 진행하면서도 공동중개를 위한 공인중개사 관리에는 소홀하니 참으로 아이러니하다.

부동산 중개업을 한 곳에서 오래 하다 보면 지역 내 중개업소의 성향을 파악할 수 있다. 공인중개사의 작은 실수나 경우에 맞지 않은 행동을 하게 되면 다음날이면 다른 중개업소에 소문이 확 퍼진다. 본인은 알지 못하지만, 뒤에서 쑥덕거리고 뒷말이 많은 곳이 중개업소다. 결국, 나쁜 소문이 나게 되면 공동중개 고객은 서서히 떠나고 자신만이 홀로 영업해야 하는 상황을 맞이할 수도 있다.

"칭찬 부동산은 치사하게 영업하여 공동중개하기가 싫다."

"흥부 부동산은 매너가 좋아서 공동중개하기가 참 좋다."

이런 소문이 나면, 대부분 중개업소는 미운털이 붙은 칭찬 중개업소와는 물건을 주지도 받지도 않을 것이며 공동중개는 상상도 못 할 것이다. 이 중개업소는 고객 중에서 가장 중요한 고객을 가만히 앉아서 떠나보내는 것과 같다.

이러한 소문이 나는 원인을 보면,
- 공동중개 후 약속한 중개수수료를 제대로 주지 않는 더티 플레이(dirty play)
- 정보를 입수하여 다른 중개업소 물건을 빼 가는 영업행위
- 밥 먹듯이 약속을 어기는 무례한 행동
- 반말로 상대를 무시하는 언행
- 신뢰성이 없는 일 처리

등을 들 수 있다.

어느 고객이든 계약을 많이 체결하여 부동산 사무실에 수입을 올려주면 그만이다. 방문고객이든 공동중개계약이든 부동산 중개업소 입장에서는 이를 가릴 수는 없다. 다만 손쉽게 계약이 잘 되고 계약체결 비중이 높은 공동중개를 간과하지 말자는 뜻이다. 그러려면 항상 정도(正道) 영업이 필수임을 명심하여야 한다.

■ 공동중개 시 지켜야 할 매너

· 공동중개를 위해 찾아온 중개업소에 대하여 최고의 예우를 한다.
· 타 중개업소와 약속한 사항은 반드시 지킨다.
· 공동중개가 성사되지 않아도 상대 부동산 탓으로 돌리지 않는다.
· 공동중개를 할 때에는 중개 전반에 걸쳐 협의와 의논을 통하여 진행한다.
· 중개업소 상호 간 모든 금액을 오픈하여 투명하게 한다.
· 계약이 진행될 때는 수수료 문제를 사전에 합의한다.
· 타 부동산 손님에게 명함을 건네지 않는다.
· 타 중개업소 물건을 가로채기 하지 않는다.
· 공동중개 완료 후 수고를 많이 한 중개업소에 간단한 음료수 등으로 인사를 한다.
· 상대 부동산 동의 없이는 발 담그기를 하지 않는다.
· 손님을 댄 중개업소에 수수료를 받아서 통장으로 송금하여 준다.

■ 반칙 없는 정당한 영업을 해라

2010년 한국이 17세 이하 여자 월드컵축구에서 우승하였다.
한국축구는 아직 멀었다는 고정관념을 깨고 우승할 수 있다는 신념으로 기량을 발휘하여 우승하였다. 정정당당하게 싸워 세계 1위를 차지하였다. 작은 반칙을 하거나 꼼수를 두지 않고 오로지 실력으로 정상에 올랐다. 그러기에 모두가 열광하였고 그들에게 찬사의 박수를 보냈던 것이다.

우리 부동산 주변 환경을 보자.

너, 나 할 것 없이 부동산투기를 위해 주소를 옮기고, 타인 명의를 빌려 주택을 구입하고, 업,다운 계약이 만연하며, 중개매물 가로채기가 일쑤고, 심지어는 미등기전매도 성행한다. 이들은 소위 붕괴된 한국사회(broken society)의 한 단면을 말해 주고 있다.

중개업은 고객의 귀중한 재산을 다루는 아주 소중한 일이다. 평생 모은 돈으로 생애 첫 주택을 구입하는 부부를 모시는 경우도 있고, 내 아들딸 같은 젊은이의 전셋집을 알선하는 경우도 있다. 모든 계약 하나하나가 소중한 고객의 재산에 관한 일이다. 무엇보다도 반칙이 통하는 중개업을 개선하여야 하고 중개업자 서로가 신뢰와 믿음으로 중개업을 영위해 가는 풍토를 조성해 나가야 한다.

2 단골고객관리

🏠 부동산 중개업은 부동산을 사고파는 것을 중개하는 것을 업으로 하는 직업이다.

부동산을 단순히 중개하는 것이 아니고 부동산 중개를 성사시키기 위해 고객을 설득하고 조정하는 고도의 기술을 필요로 하는 대고객 서비스 사업이다.

우리는 흔히 부동산 투자가 예상되는 고객을 잠재고객, 부동산을 사줄 가능성이 있는 고객을 가능고객, 그리고 이미 거래가 있고 늘 접촉이 유지되는 고객을 단골고객이라 부른다.

중개업소에서 잠재고객, 가능고객에 대하여 초점을 두고 영업활동을 많이 하고 있지만 이에 못지않게 중요한 것이 기존 단골고객관리다.

기존 고객은 중개업소를 늘 신뢰하고 상호 간에 서로의 이익을 나누는 고객으로 자신의 부동산 거래는 물론 친지나 이웃에게 소개하여 중개업소에 조금이라도 도움을 주는 고객을 말한다.

우리 사무실에서 아파트 임대 계약을 하였으니 당연히 만기 때 매물을 내놓겠지 하고 생각한다든지, 재개발 다세대주택을 매수한 고객이 매도 시에 이용할 것으로 여겨 고객관리에 게을리하거나 사후 서비스를 조금이라도 소홀히 한다면 이미 그 고객은 우리 중개업소를 떠나 잠재고객이나 가능고객으로 전락된 것이나 다름없다.

첫째, 유익한 정보를 제공하라.
기존 고객의 니즈가 무엇인지 파악하여 이를 관리하여야 한다.

고객관리에 정성을 쏟지 아니하면 가랑비에 옷 젖듯이 단골고객은 하나둘 이탈한다. 특히, 재개발이나 재건축지역에 투자한 고객들은 항상 정보에 귀를 기울이고 있다. 이런 고객은 주기적으로 현장의 소식을 전해주고 관리를 하여야 한다.
이런 정보를 받게 되면 중개업소를 더욱 신뢰하며 새로운 고객을 소개하기도 하며 매물도 내놓는다.

또한, 중개업소를 이용한 단독주택 임차인의 경우 가끔 등기부를 열람하여 등기부의 변동 내역을 알려주고 대출이 증가하였을 경우 어떻게 대처하여야 할지 방법을 알려주면 더욱 신뢰하게 된다.

손자(孫子)는 "전쟁에서 최상의 길은 백번 싸워서 백번 이기는 것이 아니고 싸우지 않고 적을 항복시키는 것."이라고 하였다. 어느 통계에 의하면 신규고객 유치는 기존고객 유지비용의 6배가 더 든다는 말이 있듯이 단골고객의 관리는 그 무엇보다도 중요한 일이다.

둘째, 이벤트 행사를 자주 개최하라.
다양한 계층의 고객에게 차별화된 상품과 서비스를 제공하고 각종 이벤트를 개최하여 기존고객과 밀착성과 친밀성을 도모하여야 한다.
이렇게 함으로써 지역사회에 봉사하고 상품세일은 물론 단골고객관리를 기할 수 있다.

부동산을 많이 보유하고 있는 고객들은 항상, 세무업무와 상속 그리고 증여에 대하여 관심이 많다. 이러한 고객들을 대상으로 주기적으로 유명 세무사를 초빙하여 무료 상담을 제공하라. 단골고객의 세무업무 궁금증을 해소하여 주고 자연스럽게 매물도 받을 수 있다.

한편 변호사를 초빙하여 관내 유지와 단골고객을 상대로 무료 법률상담을 실시하여 큰 호응을 얻는 사무실도 있고 주민과 함께하는 동호회에 참석하여 취미생활을 함께함으로써 동질감을 갖게 하는 중개사도 있다.

셋째, 돈을 벌게 하여 주라.
부동산으로 돈을 벌려면 중개업소를 자주 들려 공인중개사와 친밀감을 유지하여야 한다는 말이 있다.
부동산 중개업을 한 곳에서 오래 하다 보면 단골고객도 늘어나고 소위 '돈이 되는 물건, 급매물, 호재성 있는 매물'도 심심치 않게 나온다.

이런 매물에 대하여는 고객을 멀리서 찾으면 안 된다. "등잔 밑이 어둡다."란 속담과 같이 고객은 멀리 있지 않고 늘 가까이 있다. 기존 단골고객에게 우선적으로 투자를 제안하여 고객을 재유치하고 돈을 벌게 해 줌으로써 고객관리를 자연스럽게 유지하게 할 수 있다.

넷째, 주요 고객과 유기적으로 관계를 유지하라.
거액투자자, 기존거래자, 지역 주요인사, 여론메이커 등은 중개업소에서 특별한 대우를 받고 싶어 한다. 이러한 욕구에 부응하여 관리하여야 한다.
이러한 사람들에 대하여는 중개업소 사장이 나서서 특별히 관리하고 접대도 하여야 한다.

한번 계약으로 이어진 고객은 영원한 내 고객으로 만들기 위해 생일카드나 핸드폰 문자 등을 발송하여 고객을 기억하여 주고 특별히 관리하고 있음을 보여 줘야 한다.

다섯째, 고객카드 작성 관리.
중개업소 이용 고객 중 특별히 관리 하여야 할 고객이 있다.
이러한 고객에 대하여는 고객카드를 작성하여 관리하여야 한다.
고객의 계약 내용은 물론 취미, 생일, 가족관계 등을 기재하여 관리한다.

3 우리는 장사꾼이 아니라 농사꾼이다

🏠 "약속하지 않고 세상을 살아갈 수 있습니까?"라고 물을 때 대부분 "아니오."라고 답변할 것이다. 그만큼 우리는 약속을 떠나 세상을 살아갈 수 없다.

좁게는 가정에서부터 넓게는 사회에서 많은 사람과 많은 약속을 하며 생활한다.

비즈니스 현장에서도 고객과 수많은 약속이 이루어지지만, 고객이 만족할 만큼 지켜지는지는 미지수이다.

지하철을 타고 가던 길이었습니다. 한 아저씨가 팝송 CD를 사라고 홍보하였지만 아무도 관심을 보이지 않았습니다. 결국, 한 장도 팔지 못한 채 풀이 죽은 얼굴로 짐을 정리하였습니다. 머리칼이 하얗게 센 아저씨의 축 처진 어깨가 처량해 말을 걸었습니다. "한 장에 얼마예요?"/ "만 원이야."/ "한 장 주세요." 아저씨의 얼굴은 금세 밝아졌습니다. "네가 첫 손님이야. 며칠 동안 한 장도 못 팔았거든. 정말 정성 들여 만든 거란다. 혹시 문제 있으면 이 명함에 적힌 주소로 연락하렴."

며칠 뒤 CD를 재생하였습니다.

그런데 음악이 몇 번이나 끊어지더니 급기야 소리가 나지 않았습니다.

배신감이 들어 CD를 동봉한 항의편지를 보냈습니다. 한 데 한 달이 넘도록 연락이 없었습니다. '역시 내가 속은 건가?'라는 생각이 들었습니다.

또다시 한 달이 지날 무렵 아저씨로부터 소포가 왔습니다.

복사품이 아닌 정품 CD와 편지였습니다. 편지에는 내가 산 CD가 마지막으로 판 것이었으며 지금은 다른 일을 한다고 적혔습니다. 오래된 팝송이라서 정품을 구하는데 시간이 오래 걸렸다고 하였습니다. 아저씨를 의심한 나 자신이 한심했습니다.

수많은 약속과 믿음이 쉽게 깨지는 요즘, 아저씨를 통해 고객의 진정한 가치를 알았습니다. - 좋은 생각 2010년 10월 호에서 -

현대를 살아가는 우리에게 진정한 약속의 의미를 잘 보여주고 있는 내용이다.

하찮은 지하철 잡상인이지만 고객과의 약속을 끝까지 저버리지 않고 상도덕을 지켜낸 진정한 상인이라고 생각한다. 더구나 잡상인은 그 일을 그만두고 다른 일을 하면서도 고객과의 약속을 끝까지 지키기 위해 정품 CD를 구하여 보내 줌으로써 조그만 감동을 주고 있다.

동서양의 문화를 접목시켜 경영분야에서 기념비적인 업적을 남긴 '카네기'도 약속한 사항에 대하여는 반드시 지켜야 한다면서,

"아무리 보잘것없는 것이라 하더라도 한 번 약속한 일을 상대방이

감탄할 정도로 정확하게 지켜야 한다. 신용과 체면도 중요하지만, 약속을 어기면 그만큼 서로의 믿음이 약해진다. 그러므로 약속은 꼭 지켜야 한다."라고 하였다.

■ 품질, 가격, 서비스에 대한 약속은 반드시 지켜라

프랑스의 황제 나폴레옹은 "약속을 지키는 최선의 방법은 약속하지 않는 것이다."라 하였다. 지킬 수 없는 약속은 아예 하지 말라는 충고의 말이다.

그 잘난 정치인들 공약 남발 유세현장.
국회의원이 당선되면 지역 발전을 위해 무엇이든지 다 하겠다는 공약 아닌 공약(空約)을 제시한다. 국회의원이 당선되면 국회에 나가 국가 발전을 위해 정책을 제시하고 바른 입법 활동을 해야 함에도 자기출신 지역의 해결사로 착각하신 어르신이 많다. 우리나라 총선이나 대선에서 약속된 사항이 제대로 지켜지지 않으니 참으로 한심하다.

흔히 고객과의 약속은 크게 품질, 가격, 서비스분야에서 이루어진다.

불량자동차 생산으로 대량의 리콜사태를 겪은 도요타 자동차회사.
이 회사는 명실공히 세계 1위의 자동차회사다. 그럼에도 불구하고 고객을 외면하여 기업의 이익만을 추구한 결과, 비용절감과 비숙련자

제 4 장 10억 벌기 '고객관리'   215

고용을 증대하여 불량제품생산에 이르게 되었다. 불량제품에 대한 소비자 반발이 미국에서 매우 심하였지만, 자동차의 근본원인공개를 하지 않고 임기응변식 대응으로 대규모 리콜사태를 겪어 회사의 존폐 위기를 최근에 경험하였다.

기업은 소비자에 대하여 양질의 품질을 변함없이 제공하여야 하는 것은 기업의 의무이자 고객에 대한 중대한 약속이다. 이를 외면하고 고객중심이 아닌 기업중심으로 나갈 때 이러한 기업은 존속할 수 없을 것이다.

고객과의 약속을 끝까지 지키고 고객을 보호하기 위해 싼값으로 절임배추를 공급하고 있는 농부의 사례를 보면,

최근 유난히 태풍이 많아 배추 농사도 유래없이 흉년이 들어, 배추 가격이 10배가량 폭등하여 시중에서는 한 포기에 1만 원을 훌쩍 넘게 거래되었다. 이러한 가운데에서도 충북 괴산군 절임배추는 현 시세의 5분의 1로 판매하여 고객으로부터 좋은 반응을 얻고 있다.

가격이 폭등하여 많은 이득을 남길 수 있음에도 "저희는 장사꾼이 아니라 농사꾼입니다."/ "직거래 소비자와 약속을 지켜야 하고 그동안 이용해준 고객을 보호하기 위해서 이렇게 싸게 판다."고 하였다. 또한, 다량 구입자보다는 한 상자 고객을 최고의 고객으로 여겨 우선 배달하였다.

한 번의 거래로 끝낼 것이 아니고 먼 미래를 내다보고 경작형 사고로 고객을 관리하고 약속을 이행하는 현장의 모습이다. 당장의 이익만 생각하였다면 시중가격의 5분의 1로 판매하지 않았을 것이다. 고객과의 약속을 끝까지 지켜내는 아름다운 모습이다.

전 세계 50여 국가에 7,300여 개의 점포를 가진 피자배달회사 도미노 피자.
이 회사의 성공비결은 고객과 배달시간 서비스에 대한 약속에서 시작되었다. 그 비결은 피자의 주문을 받고 30분 안에 배달해 주겠다는 시간 약속을 시키는 데 있었다.

"30분이 지나면 무료로 드립니다(30 Minutes or It's free)."
1분이라도 늦으면 돈을 받지 않겠다고 하여 30분 안에 배달하였더라도 고객이 만족하지 않으면 새로운 것으로 바꾸어 주었다. 또한, 이 경우에 고객이 원하면 피자 가격 절반을 환불하여 주었다.

이렇게 약속한 서비스에 대해 철저히 지키고 이행함으로써 고객감동을 실현하여 세계적인 피자회사로 성장하게 되었다.

■ 하찮은 약속도 고객에게는 아주 중요하다

고객과의 시간 약속이라든지 사소한 것에 대하여 과소평가하지 않아야 한다.

고객이 가치를 인정하는 것은 바로 이러한 사소한 것들이다. 낯선 사람보다는 당신의 가족이나 친구를 대하는 것과 같이 대하면 된다.

서울 신림동, 어느 중개업소의 고객과의 약속사항.
"작은 일에 소홀함이 없고 큰일에 부족함이 없도록 믿음과 신뢰로 빠른 거래와 성사를 약속합니다."란 캐치프레이즈를 내걸고 고객과의 약속을 생명으로 생각하며 업무처리에 임하고 있다.

중개업소에서 고객과 약속은 참으로 많다.
업무처리 하나하나가 약속의 연속이다. 가령 '단독주택을 팔아 달라고 물건을 내놓은 순간' 부동산 사무실은 고객과의 약속이 생겼다. 가능한 한 빨리 매매를 성사시켜야 하고 고객이 원하는 가격 이상으로 팔아 주어야 한다. 또한, 중개매물을 의뢰받고 매매가 이루어지기 전까지는 수시로 진행사항을 알려주고 궁금증을 해소하여주는 것이 고객과의 약속을 실천하는 길이다.

이미 거래가 종료된 고객이 사소한 부탁을 하는 경우에도, 사소한 것이라고 해서 놓쳐서는 안 된다. 고객의 입장에서는 아주 긴요한 일이다.

그러므로 가능한 한 빨리 고객에게 대답을 해주어야 한다.

예를 들어 다가구주택 세입자가 "환풍기가 작동 안 되니 임대인에게 부탁하여 수선하여 달라."라는 부탁을 받은 경우 사소한 것이라고 해서 차일피일 미루어서는 안 된다. 중개업소에서는 하찮은 일이지만 고객의 입장에서는 아주 중요한 일이기 때문이다.

4 잘못을 인정하라

🏠 고객: "부동산에서 그렇게 말씀을 하셨습니다."
공인중개사: "그것은 고객께서 잘 못 이해한 것입니다."

중개사가 브리핑을 애매하게 하여 고객이 그릇된 판단을 하였다고 항의 전화를 하지만 중개사는 잘못을 인정하지 않고 자기의 주장을 펴는 한 장면이다.

벤저민 디즈데일리는 "이 세상에서 가장 어려운 것 중의 하나가 그대가 잘못 했다는 것을 인정하는 것이며 그 상황을 받아들이는 데 있어 솔직히 잘못을 인정하는 것보다 도움이 되는 것은 없다."고 하였다.

인간은 실수할 수 있다. 왜냐하면, 인간이기 때문이다.
실수가 없다면 신이다. 그러므로 잘못을 하면 즉시 그 사실을 인정하고 사과를 하면 상대는 받아주기 마련이며 해결이 쉽다.

부동산 사무실에서 업무처리 하다 보면 중개업소에서 잘못할 때가 의외로 많다.

 자존심을 내세우다 큰 싸움으로 번지는 경우가 많으므로 자존심을 버리고 잘못을 인정하여야 한다.

 "네 손님, 그것은 제가 잘못했습니다."라고 솔직히 잘못을 인정할 때 큰 싸움을 사전에 막을 수 있고 문제를 쉽게 해결할 수 있다.

 필자는 친구들과 부부 동반하여 중국여행을 가기 위해 항공사를 선택하는 과정에서 고민을 많이 하였다. 결국, 가격은 좀 비싸지만 안전하고 서비스가 좋은 국내 굴지의 항공사를 선택하였다.

 여행출발 당일 오후 8시 50분 출발 예정인 비행기가 30분이 지나도록 안내 방송이 없었다. 모처럼 떠나는 여행이라 출발시간이 좀 지연되더라도 그럴 수 있겠지 하고 친구들과 잡담을 하는 사이 1시간이 흘렀다.

 안내방송이 없어서 항공사 직원에게 다가가,
고객: "왜 출발하지 않습니까?"
항공사: "네 지금 비행기가 중국에서 도착하여 청소하는 중입니다.
         조금만 기다려 주세요."
이렇게 대답한 지 30분이 지났다.
고객: "왜 출발을 하지 않나요?"
항공사: "네 지금 비행기 컨넥션 중이니 조금만 기다려주세요." 한다.

오후 10시쯤 화가 많이 난 손님이 항공사 측에 다가가 야단을 쳤다. 그때서야 항공사에서 안내방송을 하였다.

"항공기 램프에 이상이 있어서 3시간 늦게 출발합니다."라는 안내방송을 하였다.
방송을 듣고 여기저기서 항의하는 소동이 벌어졌다.
결국, 항공사 당직책임자란 사람이 나타나 항공사 라운지로 모든 손님을 안내하여 그곳에서 간단한 다과를 들면서 기다리라 하였다.

라운지에는 양주, 맥주, 등 술과 컵라면 그리고 간단히 먹을 수 있는 과자가 준비되어 있었다. 한꺼번에 수십 명이 들어와 라운지는 순간 쑥대밭이 되어 버렸다. 모든 술과 다과는 동났고 한잔 먹은 손님들은 술기운에 항공사 측을 상대로 피해보상을 주장하며 그냥 지나가지 않을 태도로 집단행동을 하였다.

항공사 측과 밀고 당기는 협상은 제대로 되지 않았고 우여곡절 끝에 비행기 출발은 시작되었다. 여행을 가겠다는 손님들 대부분은 탑승하였지만, 일부 손님 12명은 끝내 탑승을 거절하였다.

"당신네 비행기는 안전하지 못하여 탑승하지 못하겠다."고 하였다.
실랑이 끝에 모든 짐을 비행기에서 꺼내어 항공사 측에서 제공한 차량으로 이동하였다. 항공사 호텔에서 하룻밤을 묵고 다음날 여행지로 출발하게 되었다.

이 사례에서 보듯, 항공사 측에서 손님에게 정중히 사실대로 잘못을 인정하고 사과 방송을 하는 등 사전조치를 하였어야 한다.

이 비행기는 고장이 있었는데 이 사실을 숨기고서,

"비행기 청소 중이다, 비행기 컨넥션 중이다. 비행기 램프수리 중이다." 계속 거짓말로 대하다 이런 사태를 맞았다.

이러한 경험을 한 고객은 다시는 이용하지 않을 것이며 회사 악선전에 앞장설 것이다. 세상사 모든 일이 완벽이란 것은 없다. 누구나 잘못과 실수가 있다.

더구나 비즈니스 현장에서는 더더욱 그렇다.

나의 실수를 인정하고 사과를 먼저 하여야 문제를 쉽게 풀 수 있다.

부동산 사무소는 계약부터 잔금에 이르기까지 협상과 조정의 연속이다. 그러므로 어떤 다른 일보다도 이러한 실수와 잘못이 발생할 확률이 높다.

잘못이 발생하면 담당자가 즉시 실수를 인정하고 사과를 하여야 한다. 그렇지 않으면 작은 일을 큰일로 만들 수 있기 때문이다.

한번은 부동산 실장과 고객의 말싸움이 벌어지고 있었다.

가만히 들어보니 분명히 실장이 잘못하였다. 실장은 잘못을 인정하지 않고 계속 자기의 주장만 펴고 있었다. 계속 방치하여서는 안될 것 같아서 필자가 나서서 대신 사과를 하고 손님을 보냈다. 이후 그 고객의 주택을 매수하겠다는 손님이 있어서 전화를 걸었지만, 우리 중개업소와는 거래하지 않겠다며 한마디로 거절하였다.

부동산 실장의 조그마한 실수가 이렇게 매물을 놓치는 결과를 초래하였다.

자신의 잘못을 솔직하게 인정하고 진솔한 대화를 나누게 되면 모든 문제가 물 흐르듯 자연스럽게 해결된다는 사실을 알아야 한다.

5 고객을 효율적으로 관리하라

🏠 손자병법에 "적을 알고 나를 알면 백전백승(百戰百勝)이다."라는 말처럼 중개업소 고객관리도 마찬가지다. 고객을 잘 알아야 효율적으로 관리할 수 있다.

고객은 십인십색으로 각 고객에 따라 경제력, 행동, 성격, 심리에 맞게 관리하여야 한다. 유형별 고객의 특성과 대응전략을 수립하여 관리 할 때 경쟁에서 이길 수 있고 한발 앞서 나아갈 수 있다.

첫째, 경제력에 의한 분류.

① 돈이 많은 고객
돈이 많은 부유층은 대부분 여유자금을 수익성 자금에 투자한다.
일부 여유자금은 은행예금으로 운용하면서 투자물건을 늘 찾아 나선다.
이러한 여유가 있는 부유층은 수익률에 특별히 관심이 많고 특별한 대우를 받기를 원한다. 이런 사람일수록 중개업소 사장이 관리하면 좋다.

단도직입적인 상품 소개보다는 늘 시사성 있는 뉴스, 부동산 및 경제동향, 증여 및 세금 등에 관심이 많으므로 이점을 유념하여 대화하는 것이 효과적이다.

이러한 대화를 하다 보면 자연스럽게 투자물건을 상담받게 된다. 그러기 위해서는 평소에 수익률이 높은 물건, 투자하기 좋은 물건을 준비하여 대비하는 것이 바람직하다.

② 중산층 고객

자신이 중산층이라고 생각하는 사람은 늘 자신을 과시하는 경향이 있다.

중산층에 대하여도 항상 관심을 두고 최근의 거래 상황 등을 기억하여 늘 감사와 관심을 표하여야 한다. 이러한 고객은 한 중개업소를 고정적으로 이용하기보다는 자신의 입맛에 맞게 중개업소를 옮겨 다니면서 자신을 뽐내는 경향이 있으므로 각별히 신경을 써서 단골고객으로 만들어야 한다.

③ 보통 고객

보통고객이란 주부, 소시민, 봉급생활자를 의미한다.

이 계층은 사장보다는 직접 상대하는 중개업소 실장이 자기를 기억하여 줄 때 좋아한다. 이 계층은 중개업소 실장과 친교 하는 것을 좋아하기 때문에 실장이 주도적으로 대응하여야 한다. 이들은 조그마한 고민거리가 있어도 찾아오고 남을 험담하기 위해서도 방문한다. 어떤 고객은 하루종일 죽치고 앉아 있기도 한다.

늘 친절한 자세로 정중히 응대하고 늘 변함없이 대해주면 고객을 소개하기도 하고 타 중개업소를 넘나들지 않는다.

둘째, 성격에 따른 고객관리.

① 자기과시형 고객

자랑이 심하고 소액투자를 하면서도 늘 생색내는 층을 말한다. 부동산 사무실을 자주 들려 대화하기 좋아하고 오가다 커피 한잔을 마시러 오는 경우도 많다.

이러한 고객은 한마디로 응대하기 어려운 고객이다. 실장보다는 사장이 직접 상대하여 자존심을 최대한 높여주고 본인의 과시를 부추겨 주는 것이 좋다.

자존심이 강하지만 단순한 점이 있으므로 늘 호감을 갖고 대할 때 고정 거래선으로 유지 할 수 있다.

② 빨리빨리형 고객

성격이 급하여 참지 못하는 유형이다. 정상적으로 추진되고 있는 임대차도 잠시를 참지 못하여 늘 독촉하고 전화하는 유형이다. 이러한 고객에 대하여는 진행사항을 자주 연락하여 설명을 해주어야 한다.

성격이 급하지만 단순한 면이 있어 이에 잘 대응하면 관계를 오래 유지 할 수 있다. 고객에게 특별한 관심을 두고 늘 신경을 쓰고 있다는 인상을 심어 주어야 한다.

③ 과묵형 고객

내색하지 않는 고객으로 응대하기 어려운 고객이다.

일단 마음에 들면 오래도록 거래를 지속하게 되지만 오해를 잘하는 면도 있어 매사에 정중히 대하고 일 처리는 빈틈없이 처리해주기를 바라는 고객이다.

한 번 거래를 한 후 마음에 들면 지속적으로 거래를 하지만 오해를 하게 되면 불신을 하여 거래를 끊을 수도 있기 때문에 늘 정중하고 치밀하게 일 처리 하여 주어야 한다.

④ 다변형 고객

한마디로 말 많은 고객이다.

경험이 풍부하고 많이 알고 있어서 그렇다. 이러한 고객에 대하여는 말로 이기려 하여서는 안 된다. 늘 수긍하는 자세로 경청하여 주어야 한다. 경청한 후 고객이 옳고 이치에 맞는다고 칭찬을 할 때 좋아하게 된다. 인내심이 필요하고 고객의 말을 들으면서 기회를 봐서 결론을 유도하되 자존심이 상하지 않도록 한다.

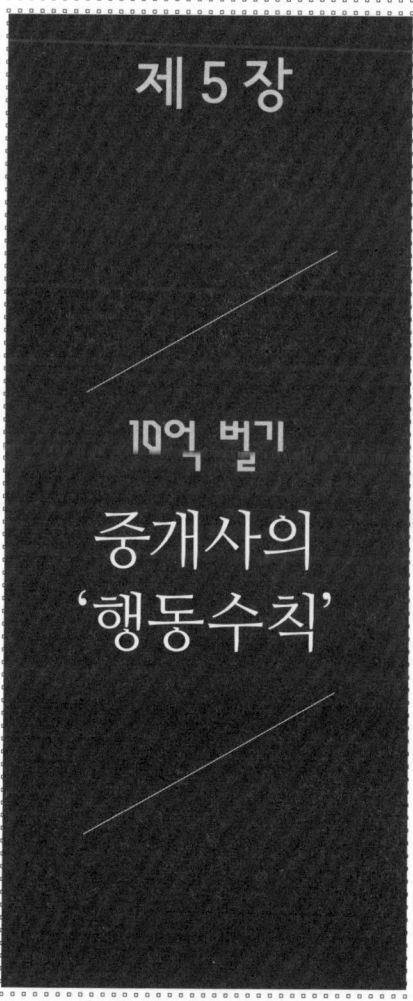

제 5 장

10억 벌기 중개사의 '행동수칙'

1 공인중개사의 매너

🏠 매너란 한마디로 '상대방을 이해하여 양보하고 돕는 것'이다.
중개사가 갖추어야 할 덕목 중 가장 중요한 것 중 하나이다.
고객과 멋진 인간관계를 유지하고 성공적인 중개업무를 유지하려면 항상 좋은 매너로 고객을 응대하여야 한다.

필자가 잘 아는 중개사 중에 그야말로 '매너 꽝'인 중개사가 있다.
좋지 않은 매너가 여러 가지 있지만 딱 2개만 고르라면 속칭 '중개물건 가로채기'와 '독불장군식 영업'이다. 그래서 이 중개사에게 매물을 한번 뺏긴 경험이 있거나 그녀의 영업스타일에 혐오를 느낀 중개사는 하나같이 거래를 끊고 상대하지 않는 경우들이 있었다.

한번은 공동중개하자고 전세매물을 보여 달라고 하였다.
소문이 워낙 좋지 않게 나서 매물을 보여주는 것이 찜찜한 생각이 들었지만, 세입자가 빨리 이사 가기를 원하고 있어서 응하기로 하였다.

손님을 모시고 그 중개사와 함께 다가구 전세매물을 보여 주었다.

손님은 계약하지 않고 그냥 돌아갔다. 다음날 다가구주택 주인으로부터 전화를 받았다. K 중개업소에서 "전세를 빨리 빼 주겠으니 중개매물을 달라."고 하니 어떻게 하면 좋겠느냐는 것이다.

너무나 어처구니없었다. 매물을 보여 주었더니 주인을 찾아가 매물을 가로채기하는 매너 없는 중개사다. 이런 식으로 당한 중개사가 한두 군데가 아니었다.
이구동성으로 그 중개사와는 다시는 공동중개를 하지 않겠다고 하였다.

눈앞의 작은 임대차 계약에 급급하여 공동중개 손님을 하나둘씩 잃어가는 가엾은 중개사다. 머지않아 문을 닫는 날이 다가오기 때문에 오히려 안심되었다.

며칠 뒤 손님을 모시고 그 다가구 주택을 보여주다가 'K 중개업소에서 이미 계약한 사실'을 알게 되었다. 역시 소문대로 '물건 빼기 달인'이었다. 찾아가 야단을 치고 싶었지만 매너 좋게 참았다.

이뿐만 아니다.
'독불장군식 영업스타일'이다.
세상사 모든 것이 순리가 있고 질서가 있는 법이다.
더욱이 부동산 중개업도 엄연한 장사여서 상도덕을 지켜야 하고 동업자 간 지켜야 할 도리와 의무가 있다.

우리 지역은 중개업소끼리 협약을 맺어 '일요일이면 하루쯤 푹 쉬자' 하여 일요일은 영업하지 않고 있었다. 그런데 K 중개업소가 이 지역에 사무실을 오픈하여 일요일은 물론 추석, 설날 없이 365일 오후 늦게까지 영업하여 모든 중개업소로부터 원성이 자자하였다.

그리하여 모든 중개사가 협약을 새로 맺었다.
'일요일은 집에서 가족과 함께' 모두 찬성하였지만, K 중개업소만 반대하다 나중에 어쩔 수 없이 동참하기로 하였다.

하지만 협약은 '삼일천하'로 끝나고 말았다. K 중개업소에서 다른 부동산의 눈을 피해 가며 휴일 영업을 계속했기 때문이다. 다른 중개업소에서 항의하면 '잔금이 있다'고 대답하고 일요일 늦게까지 나 홀로 영업을 계속하였다. 결국, 중개업소 간 자율 협약은 무산되고 이젠 365일 휴무 없는 지역으로 재탄생하였다.

부동산 중개업을 하면서 느낀 점은 중개업소에서 '약속을 밥 먹듯이 어긴다'는 점이다. 하루는 시골에서 친구한테 전화가 걸려왔다. 잔뜩 화난 말투의 하소연이었다.

이유인즉 옆집 중개업소에서 자기매물을 몰래 **빼내** 매매를 하였다고 한다. 친구한테 발각되자 수수료를 잔금 시에 챙겨주겠다 하여 사건이 일단 마무리되었다고 한다.

장사는 뭐니뭐니해도 신용이 우선이다. 더욱이 고객의 재산을 다루는 중개업소에서 신용을 잃게 되면 치명적이다.

잔금을 치르고 찾아와 "수고는 우리가 하였으니 수수료의 3분의 1만 주겠다."는 새로운 제안을 제시하여 응하지 않았다. 그 후부터는 공동중개를 하지 않고 친구 간의 왕래도 끊었다고 한다.

필자도 이런 경우를 수없이 경험하였다.
꼭 지켜야 할 약속을 수수료 때문에 양심을 팔고 신용을 잃는 중개업소 실장을 여러 번 보았다.

최근 오픈한 지 얼마 안 된 중개업소가 문을 닫았다.
이유인즉 중개사의 '용모와 태도'가 문제였다.

고객: "흥부 부동산은 문을 닫았던데요."
　　　"왜 그런지 아세요?"
중개사: "장사가 안되어 그러겠지요."
고객: "그런 용모와 태도로 고객을 응대하니 손님이 가겠어요?"
　　　"망한 것이 당연하죠." 한다.

그러면서 어느 중개업소 사장님은 "이런 삼복더위에도 좋은 이미지를 보여주기 위해 가발을 쓰고 일하는데…." 한다.

맞는 말이다. 흥부 부동산은 늘 추리닝 차림에 슬리퍼를 신고 머리는 산적같이 부산하며 말투는 항상 반말이다. 거기에다 고객과 싸우는 게 일상이다.

고객을 대하는 중개업소 종사원은 늘 단정한 용모와 태도, 말씨 하나하나에 신경을 써서 응대하는 것이 고객을 대하는 기본 매너이다.

■ 중개업소에서 지켜야 할 매너

- 중개업자 간 지켜야 할 매너
  · 중개업자 간 약속은 반드시 지킨다.
  · 공동중개하여 수수료를 받았을 때는 즉시 상대 중개업소에 송금하여 줘라.
  · 수수료를 받은 부동산은 감사의 말씀을 전하고 간단한 음료수 등으로 답례한다.
  · 중개물건 가로채기는 절대로 하여서는 안 된다.
  · 공동중개는 "중개업소 최고의 고객이다." 그러한 만큼 최고의 예우를 해라.
  · 타 중개업소를 비방, 험담, 염탐, 업무방해를 하지 않는다.
  · 중개업소 간 자율기준은 반드시 지킨다.
  · 불공정거래 조장행위(일방적 수수료 면제행위 등)는 금한다.

- 고객에게 지켜야 할 매너
  - 칭찬을 아끼지 마라.
  - 고객의 비밀은 무덤까지 갖고 가라.
  - 항상 공손한 태도와 단정한 모습으로 응대하라.
  - 매수, 매도자 균형을 유지하고 신의 성실로 응대하라.
  - 친절한 태도로 항상 응대하라.
  - 고객과 돈거래를 하지 마라, 자칫 돈 잃고 고객까지 잃는다.
  - 의뢰물건의 성실한 거래를 유도한다.

2 융통성(融通性)을 발휘하라

🏠 융통성의 사전적 의미는 '그때그때의 사정과 형편을 보아 일 처리하는 재주'를 뜻한다. 인간관계에서 윤활유와 같은 융통성은 고객을 대하는 현장에서 아무리 강조해도 지나치지 않다.

미국의 커뮤니케이션 이론가인 폴 스톨츠(Paul G.stoltz) 박사의 저서 역경지수(AQ: Advertsity Quotient)에 의하면 앞으로 성공하려면 AQ가 높아야 한다고 말했다.

역경지수란 도전정신으로 자신이 처한 역경에 슬기롭게 대처하여 견뎌내는 능력을 말한다. 도전을 통해 힘든 순간을 지혜롭게 이겨내면 역경지수가 높아지고 이것이 반복될 때 성장과 성공을 기대할 수 있다고 한다.

필자는 서비스 종사자에게는 역경지수 못지않게 융통성지수(AQ: Adaptability Quotient-필자주장)가 더 중요하다고 생각한다. 서비스 현장에서 그때그때의 상황에 대응하여 적극적인 자세로 고객의 요구사항을 경청하고 상황을 파악한 후 직원이 자발적으로 최선의 선택을 하여 임기응변으로 대응하는 지수를 말한다.

조직 구성원이 융통성지수가 높을수록 그 중개업소는 고객에 대한 충성심이 높아 고객 요구사항을 신속하게 처리 할 수 있어서 그렇지 못한 조직보다는 성공할 수 있는 확률이 높다는 것을 필자는 강조한다.

🖉 융통성 지수(AQ) 요소

- Mind(진지한 마음 자세)
- Adaptation to circumstances(임기응변)
- Deed(자발적 행동)
- Active situation(상황파악)
- Need(고객의 욕구)
- Choice(최선의 선택)
- Entensive listening(경청)

필자는 종업원이 고객의 요구에 대응하여 최대의 융통성을 발휘하여 고객을 기분 좋고 신 나게 할 수 있다는 의미로 영문 이니셜을 따서 Mad-ance(신나는 행동)로 명명하였다.

한 해가 저물어 가는 어느 해 겨울.

일본 도쿄 변두리의 허름한 다다미방에 파리한 얼굴의 한 소녀가 누워 있었다.

그녀의 병은 백혈병.

어려웠으나 행복했던 집안에 꿈결처럼 다가선 딸의 불행을 보고도 손 한번 써보지 못하는 어머니의 가슴은 찢어지는 듯 아팠다.

"엄마 포도가 먹고 싶어요." 마지막일지도 모를 딸의 소원을 듣고 어머니는 무작정 포도를 찾아 나섰다. 하지만 제철도 아닌 때에 어디서 포도를 구한단 말인가.

'찾는 자에게 길이 있다'는 옛말처럼 어머니는 마침내 다카시마야백화점 식품부에서 포도를 발견했다. 그러나 그 포도는 오동나무 상자 속에 고급스럽게 포장된 수만 엔짜리였다. 가진 돈은 고작 2천 엔뿐이었다. 어머니는 절망하고 말았다. 그때 멀리서 어머니의 안타까운 모습을 지켜보고 있던 여점원이 다가와 천사와 같은 모습으로, 그러나 과감하게 오동나무 상자를 열고 스무 알 정도의 포도를 잘라 어머니에게 건네주었다.

한 달 후 소녀는 짧은 삶을 마감했지만, 치료를 담당했던 한 의사는 마이니치신문에 기고함으로써 이 애틋한 사연은 세상에 알려지게 되었다. 얼마 후 창립 1백60주년을 맞은 다카시마야백화점은 백화점 상징으로 오랫동안 써오던 장미를 포도로 바꾸고 남을 돕는 마음을 갖자는 취지의 새로운 경영이념을 채택하였다. -내외경제신문 이유제 칼럼-

이글은 서비스 현장에서 융통성의 중요성을 잘 보여주고 있다.

세상사 모든 일이 원리원칙대로 되는 것은 아니다. 더구나 고객 자본주의 시대에 원칙만을 강조하다 보면 서비스를 생명으로 하는 업종에서는 생존하기 어렵다.

이 여직원은 수만 엔짜리 포도를 2천 엔어치로 잘라 파는 융통성을 발휘하였다.

누가 시킨 것도 아니요, 판매규정에도 없는 이러한 행동이 그녀에게 인사상 불이익을 받을 수도 있다. 그렇지만 고객의 간절한 요구를 외면하지 않고 자발적인 행동으로 고객감동 실현과 회사 이미지를 제고시킨 사례다.

■ 융통성은 현장에서 발휘하라

어느 김밥 체인점 현장에서 보여준 융통성 사례(2010년 10월 10일 조선일보)를 보자, 해외 MBA 학위 취득 후 대기업에서 중견 간부로 직장생활을 하다 은퇴한 뒤 최근 김밥 체인점을 차린 어느 점포.

어느 날 사장이 자리를 잠깐 비운 사이 친한 친구가 계산대를 맡고 있는데 어떤 아주머니 고객 한 분이 들어오더니 김밥 5인분을 포장으로 주문했다.

친구가 입원한 근처 병원에 병문안 온 길에 들렸다고 했다. 포장을 마치고 계산을 위해 고객이 신용카드를 긁었더니 '카드 미개설 점포'라는 에러 메시지만 뜨고 결제되지 않았던 것 같았다. 체인점 사장님이 제출한 카드개설 신청서가 카드사에 아직 처리되지 않았던 것 같았다. 가게 입구에 신용카드 가능하다고 스티커까지 붙인 카드가 처리되지 않자 현금이 넉넉하지 않았던 이 고객은 당황한 빛이 역력했다.

이때 김밥을 말던 베테랑 아줌마가 "가게 나가서 100m만 가면 은행 자동입출금기가 있으니 가서 현금 찾아 오세요."라고 말했다. 이때 사장 친구는 고객에게 "아닙니다. 카드결제가 안 돼 너무 죄송합니다. 김밥은 그냥 가져가시고 나중에 이 근처로 들르실 때 돈을 주십시오."라고 말한 뒤 정중하게 고객을 배웅했다.

고객은 놀란 표정을 지었고 옆에 있던 김밥 아줌마는 어처구니없어했다. 조금 뒤 돌아온 사장도 황당해하긴 마찬가지다. "그 고객이 다시 돌아오지 않으면 내가 대신 김밥 값을 물어낼 터이니 걱정하지 마라."고 사장친구는 융통성을 발휘하였다. 그 후 손님은 찾아와 김밥을 계산하고 10인분을 더 사갔다고 한다.

반면 '미생지신(尾生之信)'이라는 고사는 융통성이 없는 원칙주의를 잘 보여준다.

장자 도척(盜跖)편과 사기 소진(蘇秦)열전 등에 나오는 이야기로 춘추시대 노나라에 미생이라는 사람이 있었는데, 사랑하는 여자와 다리 아래에서 만나기로 약속하고 기다렸으나 여자는 끝내 나타나지 아니하였다. 마침 상류에서 소나기가 내려 갑자기 물이 불어났는데 계속 자리를 뜨지 않고 기다리다 결국 교각을 끌어안고 죽었다는 내용이다. 작은 약속이나 명분에만 집착하여 융통성이 없는 사례로 우리에게 많은 시사점을 주고 있다.

서비스 현장에서 종업원이 자발적으로 하는 행동에서 융통성을 발휘할 때 고객은 만족하게 되고 그 조직은 발전할 수 있다.

중개업소에서는 융통성을 발휘하여 업무처리 할 경우가 의외로 많다. 중개업소에서의 융통성은 사안에 따라 다르겠지만 대부분 중개업소 수입과 관련된 일이다. 고객에게 편의를 제공한다는 측면도 있지만, 중개업자의 계약실적으로도 연결되기 때문에 중개규정을 벗어나지 않는 범위 내에서 융통성을 발휘하여야 한다.

남편 명의 아파트를 전세계약 시 부인이 대리하여 계약할 때 의료보험카드를 확인하여 가족임을 확인하고 계약을 진행한다든지, 주택매매 계약 시 매도인이 지방에 있어서 계약을 진행하기 어려운 경우 매도인과 전화통화 후 매도인의 계좌로 계약금을 입금 후 매매를 진행한다든지, 단골고객에 대하여 수수료를 할인하여 준다든지, 대리인이 위임장과 인감증명서를 휴대하지 않아 계약하기 어려운 경우 일정한 기일을 주고 보완하는 조건으로 계약을 진행하는 등 중개업소에서 융통성을 발휘하지 않으면 일 처리가 안 될 경우가 참으로 많다.

가령, 고객의 가용예산은 4억인데 고객이 마음에 들어 하는 물건은 5억 대의 다가구 주택이라면 예산에 묶여 계약을 진행하지 못하는 일이 없어야 한다. 융통성을 발휘하여 모든 조건을 검토하여 진행하면 된다. 전세구조를 재확인하여 전세금액을 인상하고, 월세를 전세로 전환하며, 융자를 조금이라도 받을 수 있는지를 종합적으로 검토하면 5억 원대의 다가구주택을 매매로 진행할 수가 있다.

부동산 중개업무와 직접적인 관련이 없지만, 경작형 사고로 미래의 고객을 잡기 위해 융통성을 발휘하는 중개업소도 많다.

지역주민에게 모든 종류의 내용증명서를 무료로 작성하여주는 중개업소가 있고, 복사, 팩스, 등기부열람, 계약서대필, 어려운 환경에 처한 주민에게 모든 대소사를 돌봐주는 중개업소도 있다. 이러한 서비스가 사소한 것 같지만, 무료로 한 번이라도 받은 경험이 있는 사람은 반드시 이 중개업소를 다시 찾는다. 귀찮고 짜증 나는 일이지만 미래의 단골고객을 위해 융통성을 발휘하는 현장의 모습이다.

3 지난번과 같이 드릴까요?

🏠 2년 전 다가구 주택을 전세 계약하였던 여자 손님이 사무실에 오셨다.
반갑게 인사를 하고 "전세가 만기 되었지요, 재계약하시려고요?"
"어머, 어떻게 아세요?"
"2년 전 서울대 합격한 따님과 함께 전세 얻으러 오셨잖아요." 하였더니 반가워 어쩔 줄 몰랐다.

인간은 누구나 자기를 알아주고 기억하여 줄 때 가장 기분이 좋다고 한다.
우리는 일상생활을 통하여 수많은 사람을 대한다.
특히, 서비스업이나 관청 민원실 등에서 종사하는 사람은 더욱 그렇다.
하지만 수많은 고객을 전부 기억하여 응대하기란 쉬운 일이 결코 아니다.
문제는 고객을 기억하겠다는 노력과 관심이 중요한 대상이다.

미국의 트루먼 대통령은 상원의원에서 주방 아주머니까지 수천 명의 이름을 기억했던 것으로 유명하다. 대통령이 귀하의 이름을 기억하여 이름을 불러 줄 때의 기쁨을 생각하여보라.

 규모를 아주 작게 운영하는 신도림역의 어느 꽃집에 5개월 만에 들렀다.
 주인아주머니는 반갑게 맞이하면서 "지난번과 같이 드릴까요?" 한다.
"저를 아세요?" 깜짝 놀라 응수하니,
"사모님 생신이라고 꽃바구니 지난번에 사가셨잖아요." 하며 필자를 기억한다.
 정말 기분이 좋았다. 아주머니가 친근감이 느껴지고 호감이 가서 필자는 늘 그 꽃집을 이용하게 되었다.

 고객은 항상 자기 위주로 생각한다.
 한번 거래를 한 후부터는 은근히 자기를 기억하여 주기를 바란다.
 고객이 당신을 알아보고 접근하는데 고객을 기억하지 못하고 처음 보는 사람처럼 대한다면 고객은 실망할 것이며 거래를 옮기고 싶은 생각도 들 것이다.

 반면에 "어서 오세요. 김 사장님, 참 오랜만입니다."
"둘째 아들 군대배치는 잘 되었나요?"라고 응대 시 그야말로 금상첨화다.
 자신을 기억하여 준 것도 기분 좋은 일인데 가족까지 챙겨주다니….

 우리나라와 같이 인맥을 중시하는 나라에서 남을 기억하고 챙겨준다는 것은 틀림없이 남보다 앞서 가는 사람으로 성공의 지름길이다.

인맥의 달인이라 통하는 서울대 이명철 교수는 "자주 연락하는 사람 3,000명, 한 달 휴대전화비용 15만 원, 스스로 만든 정기모임 45개."라고 하면서 인맥관리 3원칙을 제시한 바 있다.

처음 3년은 만나도 시간과 돈만 버린다. 그다음 3년은 서로 도움이 될 듯 말 듯 한다. 그다음 3년은 내가 확실히 도움을 받는다고 한다.

최근 대한상공회의소에서 발표한 내용으로는 국내 30대 유통기업 45%가 SNS를 통하여 고객과 소통을 한다고 한다. 개설 2주 만에 팔로워 수 2만 명을 돌파한 어느 백화점 트위터의 경우 팔로워 들의 말에 실시간으로 답하면서 이들로 하여금 백화점을 마치 문자를 주고받는 친구로 받아들이게 만들었다고 한다.
 소비자 개개인이 아닌 소비자 인맥을 상대로 마케팅 포인트를 옮겨 이 인맥집단으로 하여금 친밀감을 갖게 하여 구전에 이르도록 한다고 한다.

은행창구에서 한 여직원에게 많은 손님이 몰리는 것을 유심히 보았다. 다름이 아니고 고객을 기억하여 친절하게 모시기 때문이었다.
 그렇다. 고객을 기억하여 응대하여야 한다.
 이 길만이 고객응대의 첫걸음이요 고객을 사로잡는 비법이다.
 평소 상담이나 계약을 할 때 고객의 얼굴 생김새, 두발, 복장, 키, 말투, 억양, 건강 등을 메모하는 습관을 지녀야 한다.
 메모한 내용을 머릿속에 기억하는 것은 물론 가지고 다니면서 암기하기도 해라.

이렇게 하면 고객을 반드시 기억하게 된다.

이런 방법도 있다.

매물장부나 계약 후 보관하는 계약서에 고객의 특징 몇 가지를 기록하여 둔다.

그리고 보관하고 있는 계약서나 장부를 틈틈이 넘겨 가면서 보라. 계약이 종료되었기 때문에 암기하기도 쉽고 후일에 기억하기가 쉽다. 문제는 각고의 노력과 관심만이 고객을 기억하는 지름길이다.

■ 고객이름 기억하는 방법

① 처음 만나는 고객의 이름을 정확하게 불러보라

이 고객은 특별한 고객이므로 반드시 기억하여야 한다는 부담감을 갖고 이름과 얼굴을 잊지 않도록 노력한다. 큰 소리로 고객의 이름을 정확하게 호칭하여 고객의 환심을 사고 대화 중이나 헤어질 때 다시 한 번 이름을 불러 친근감을 주도록 한다.

② 고객의 특징을 메모한다

고객의 특징(얼굴 생김새, 키, 목소리, 체형, 고향 등)과 가장 인상 깊었던 내용을 곁들여 기재하여 둔다.

③ 고객의 이름을 말하지 않을 때

반드시 이름을 확인한 후 "김기수 사장님 이름이 저하고 비슷하군요." 하면서 정확히 불러 보면서 응수한다. 그리고 명함을 건네받아 보관하여 두고 수시로 연상하며 기억을 연습한다.

④ 상상기억을 실시하라

메모한 내용을 갖고 상상기억을 해본다. 상상기억이 기억력을 회복하는 데 최고이다. 특히, 기억이 잘 나지 않거나 애매한 경우에는 별표를 표시하여 반복하여 이름을 써보고 불러본다.

⑤ 주기적 반복적으로 메모한 내용을 숙독한다

✎ 메모하는 모범 예

일련번호	성 명	직 장	특 징	비 고
1	김 기 수	신도림 부동산	2014년 1월 신도 빌라 공동중개로 매매, 충남 예산, 사투리 심함	취미: 골프

4 감정을 관리하라

🏠 미국 UC 버클리 대학교 앨리 러셀 혹실드 교수는 감정관리가 노동의 일부가 된 사회를 '감정노동사회(感情勞動社會)'라 칭하였다. 이러한 감정노동은 자신의 감정과 무관하게 행동해야 하는 상황에서 노동하는 것을 말하며 감정노동은 서비스업에 종사하는 사람에게 많이 발생한다고 한다.

공인중개사라는 직업은 불특정한 사람을 상대로 영업하는 서비스업 일종이다.
불특정한 사람이 중개사를 마음에 들게 하는 것이 아니고, 중개사가 상대방의 마음에 들도록 힘을 써야 하는 서비스 종사원으로 감정노동자(感情勞動者)에 속한다고 볼 수 있다.

하루에도 수많은 사람을 상대하다 보면 항상 즐거운 일만 있지 않다. 짜증 나고 화나는 때가 부지기수다. 서비스종사원도 인간인 만큼 감정을 다스리고 고객의 요구에 맞게 응대하기란 쉽지는 않다.
그래서 공자는 세상을 살아가면서 가장 중요한 덕목으로 극기복례

(克己復禮)를 들었다. 자기를 이기고 감정에 휘둘리지 않고 감정을 관리하며 살아갈 것을 일찍이 요구하였다.

우리는 수많은 관리를 하면서 세상을 살아간다.
개인적으로는 건강관리로부터 직장에서는 노사관리 국가에서는 위기관리 등 관리 용어는 다양하게 사용되고 있다. 여러 관리대상에서 서비스 종사원은 뭐니 뭐니 해도 감정관리가 최고의 덕목이다.

고 노무현 대통령은 "대통령 못해 먹겠다." 하여 큰 곤욕을 치른 적 있다. 소신 있게 정책을 펼치려 하면 주위에서 많은 태클을 걸어서 그랬을 것이다.
이렇듯 감정관리는 지위고하를 막론하고 힘든 문제이다.

특히, 고객을 응대하는 서비스 현장에서, '고객과 말다툼, 싸움, 감정 상하기' 등은 감정을 관리하지 못해 발생하는 문제들이다. 물론 중개사의 잘못도 있겠지만 대부분 고객의 잘못으로 발생하는 경우가 많다. 그렇다고 번번이 고객과 맞대응으로 응수하면 간판 내릴 날만 기다리는 것이나 다름없다.

중개사 사무실에서 감정 다스리기 어려운 현장을 보면, 이미 정해진 잔금날짜 며칠 앞두고 계약 내용을 자기 구미대로 일방적으로 변경하고 나 몰라라 하는 개념 없는 고객, 며칠에 걸쳐 어렵게 상담을 하여 계약단계에서 옆집 중개업소로 옮기는 진상고객, 법정수수료를 무조건 반만 받으라고 우기는 벽창호, 부동산 매물정보를 캐내어 타 사무소에 제공하여 용돈을 챙기는 건달, 물건 내놓으면서 본인 수수료는 받지 말라는 얌체고객, 막무가내식으로 억지 부리기, 별일 아닌 걸로 화내기, 아침부터 술에 취해 쓸데없는 소리를 지껄이며 하루종일 죽치며 깐죽거리는 놈, 중개가 완성되었음에도 수수료를 주지 않고 계속 미루는 고객, 월세로 들어갔는데 결로가 생기고 천정에서 물이 샌다고 하는데 모른 척하고 외면하는 임대인, 별일 아닌 걸로 구청 지적과에 민원을 내겠다고 하는 상대하지 못할 고객 등.

이렇듯 고객은 다양하여 십인십색이다.
이런 고객과 맞대응하여서는 안 된다.
고객의 감정에 맞추어 자기의 감정과 표정을 표출하는 것은 중개사의 기본이 아니다. 어떤 상황에서도 평정심을 갖고 의연하게 대처할 수 있는 자기만의 내공(內攻)을 쌓아야 한다.

고객과 맞대응하여 화를 같이 내 그저 분풀이로 끝낼 일이 아니다.
화를 내봤자 얻을 게 없고 일을 더욱 꼬이게 하여 내 기운만 빼기 때문이다.
화나고 참기 어려우면 잠시 눈을 감고 20초만 생각하여 참는 습관을 갖자.

"참는 자에게 복이 있다."라고 한 옛말이 있듯, 매사에 참는 습관을 기르자. 그리고 참자.

그래야만 진정한 서비스를 고객에게 제공할 수 있다.

■ 감정관리 3원칙

감정 관리는 평소에 단련하여야 고객과 다투거나 화가 날 때 욱하는 성질을 다스리고 통제할 수 있다.

첫째, 고객과 다투어 화가 날 때는
"목소리를 더욱 낮추어 부드럽게 하라."
이렇게 낮은 목소리로 바꾸면 확실히 화가 덜 난다. 너무 화가 나 당장에라도 폭발할 것 같고 소리 지르고 싶은 마음이 목구멍까지 차오르는 일촉즉발의 상황이라도 일부러 참고 목소리를 낮게 하면 큰 싸움을 작은 싸움으로, 작은 싸움은 대화로 유도 할 수 있다.

아파트 임대차 중개가 완료되고 6개월이 지난 후 고객이 찾아왔다.

고객: "아파트 전세 중개를 잘 못하였으니 부동산에서 책임져라."
공인중개사: "무슨 말씀이세요, 자세히 설명부터 해봐요."
고객: "부동산에서 중개할 때에는 아파트 보일러 배관이 터질 수 있으니 조심하라."

"이런 고지를 하지 아니하여 큰 피해를 보았으니 부동산에서 책임을 져라."

공인중개사: "여보세요, 말이면 다 말입니까? 말이 되는 소리를 해야지." 고객보다 언성을 더 높여 대응한다.

고객이 아무리 말도 안 되는 소리를 하여도 맞대응하여 싸우지 말고 감정을 다스리고 낮은 목소리로 조근조근 설명하여 고객을 설득하는 자세가 필요하다.

둘째, 평소에 고객을 칭찬히고 격려하는 습관을 갖자.
칭찬하고 격려하는 습관이 길들어져 있는 사람은 어느 순간에도 고객에게 좋은 말이 먼저 나온다고 한다. 이런 습관이 길들어져 있는 사람은 감정에 크게 치우치지 않고 차분하게 대응할 수 있다. 평소에 칭찬과 격려를 생활화하여 감정을 잘 관리할 수 있는 습관을 길러야 한다.

셋째, 감정의 부메랑을 잊어서는 안 된다.
로마의 철학자 세네카는 "분노라는 병은 모든 악을 압도한다."라고 하여 분노의 폐해를 지적하였다. 감정의 부메랑효과를 잊지 말아야 한다. 감정은 내가 준 만큼, 내가 생각한 만큼 되돌아오게 되어 있다. 마치 쿠션처럼 상대방의 감정을 더욱 악화시킬 수 있다.

공인중개사: "10시까지 아파트관리비 내역서 팩스 보내 주기로 했는

데, 어떻게 된 거여요?"

팩스가 도착하지 아니하여 화가 나서 아파트 관리실에 전화를 걸었다.

관리실 여직원: "뭐라구요, 우리가 그걸 보낼 의무가 있나요?"
"그런 식으로 하면 앞으로 팩스 안 보내 줄 거여요."
"부녀회에 얘기하여 당신네 부동산 이용 못 하게 할 거야!"
"달카닥."

내가 내뱉은 독설이 무엇으로 돌아오겠는가를 생각하면 감정관리가 중개사에게 얼마나 중요한지를 알 수 있다.

제 6 장

10억 벌기 중개사의 '마음자세'

1 첫인상을 좋게 하라

🏠 한국을 처음 찾은 한 외국인에게, 한국의 첫인상(What is your first impression of korea?)에 대하여 물었더니 한국인은 "친절하다, 역동석이나."라고 대답한다. 보통 한 국가에 대한 이미지는 그 국가를 방문하여 느낀 첫인상에 따라 좌우되게 된다. 우리는 흔히 싱가포르를 말할 때 나라는 작지만 깨끗하며 부정부패가 없는 선진국으로 인식한다. 반면 중국은 나라는 크지만, 후진국이며 나쁜 이미지가 더 강한 나라로 우리 마음속에 깊이 자리 잡혀 있다.

강남에 있는 어느 부동산에 빌딩을 매매하려 방문했더니 사무실 분위기가 어느 은행 지점처럼 레이아웃이 잘 되어 있고 고객을 맞이하는 여자 실장은 업무지식이 아주 밝아 편안한 가운데 상담을 잘 받고 돌아왔다.

한편 목동에 있는 어느 중개업소에 단독주택을 매수하려고 들렸지만, 사무실은 재래시장처럼 고객이 북적거려 공인중개사와 조용한 가운데 상담받기 어려웠고 사무실은 비좁아 잠깐 앉을 공간조차 없었다.

취업 포탈 잡코리아에서 직장인 대상으로 설문조사결과 직장인의 콤플렉스 1위는 외모(43%)인 것으로 나타났다. 또 외모 때문에 직장에서 불이익을 당했다는 응답도 37%에 달하였다. 또한, 조사에 따르면 직장인은 외모를 가장 큰 콤플렉스로 꼽았으며 여성이 51%, 남성이 36%를 나타내어 여성이 외모에 더 큰 관심을 두고 있음을 보여준다.

한편 인천국제공항은 지속적으로 혁신을 하여 5년 연속 세계 최우수 공항으로 선정돼 국가 브랜드 가치를 올려 '한국 이미지 디딤돌 상'을 수여받은 적이 있다.

이처럼 첫인상이나 외모는 개인이나 단체, 국가를 막론하고 비즈니스에서는 아주 중요한 역할을 하므로 이들의 중요성을 간과해서는 안 된다.

흔히 첫인상 하면 외모가 전부인 것으로 생각하기 쉬우나 외모에도 표정이나 말투, 자세와 발걸음 그리고 분위기 등 많은 요소에 의해 좌우된다.

이 중에서 표정은 큰돈을 들이지 않고 고객에게 매력적인 첫인상을 줄 수 있는 키포인트다. 우리의 얼굴에는 약 30여 개의 아주 작은 근육이 있어 서로 밀고 당기고 하여 상대에게 다양한 감정을 연출할 때 우리의 첫인상이 좌우된다고 한다.

그래서 우리의 첫인상에 따라서 고객과 첫 만남이 마지막이 될 수 있는 상황을 맞이할 수도 있다. 첫인상이 좋으면 그다음부터는 고객과 문제 해결이 잘 되기 때문에 고객과의 첫 만남을 좋은 관계로 리드해야 한다.

공인중개사가 친근한 마음으로 응대하면 고객도 친근하게 대할 것이고 공인중개사가 격식 있게 대하면 고객도 격식 있게 다가오기 때문에 첫 만남에서의 공인중개사의 역할은 매우 크다 할 수 있다.

■ 첫인상은 평생토록 기억하게 된다

아래에 두 얼굴 공인중개사의 그림이 있다.
먼저 그림을 바로 보고, 다음에는 거꾸로 보라.
같은 얼굴인데도 보기에 따라서 서로 다른 공인중개사의 모습을 볼 수 있다.
고객응대 시에 첫인상이 좋으면 신뢰감이 형성되어 당신의 모습을 고객은 평생 기억하게 된다.

-상담 시의 나의 모습은

실제 영업현장(Field)에서 공인중개사의 표정에 따라 고객은 다양한 반응을 나타낸다. 한번은 같이 방문한 여자 손님 두 분에게 평소대로 응대하였는데 나중에 여자 손님들의 평가는 판이하게 결과가 달랐다.

"사장님은 표정이 화가 난 모습이어서 대하기가 어렵다."는 고객이 있었고,
"사장님은 늘 웃는 표정이어서 부담이 없었다."고 하였다.

같은 상황을 놓고서 정반대의 느낌을 말하였다.
실제로 표정은 겉모습이 아닌 내면의 마음의 상태를 나타내 주는 것으로 3, 4초 이내에 결정된다. 이러한 표정은 상대가 받아들이는 느낌에 따라 다르게 표현되게 되므로 표정관리는 몹시 어려운 일이다.

흔히 회사가 잘 나가고 있는 서비스업에 종사하는 종업원의 표정은 항상 미소를 띤 얼굴로 응대하기 때문에 거래하고 싶은 마음이 저절로 생기며, 반면에 종업원의 표정이 어둡고 사무소 분위기가 어두울 때는 고객도 대화하기 싫어지고 거래하고 싶은 마음도 사라진다고 한다.

■ 첫인상을 좋게 하려면

고객에게 첫인상을 좋게 하려면 무엇보다도 표정관리가 중요하다. 이러한 표징은 크게 눈과 미소로 결정된다.

시선은 고객의 얼굴 전체를 보는듯한 느낌으로 눈을 바라보며 자연스럽고 부드럽게 상대방을 감싸는 느낌으로 보아야 한다. 눈동자는 항상 중앙에 위치하도록 하고 고객이 싫어하는 시선으로는 곁눈질하거나 위, 아래로 내리뜨는 시선은 좋지 않다. 미소는 입의 양 꼬리가 약간 올라가게 하여 입을 가볍게 물며 표정을 밝게 하고 코웃음과 비웃음, 깔깔깔 크게 웃는 모습은 고객이 싫어하는 미소로 주의를 요한다.

인상을 좋게 하려면 상대에게 호감을 주는 것으로 생각하기 쉬우나, 상대에게 호감을 갖고 있다는 느낌을 전달하여 상대가 만남 자체를 아주 기분 좋은 것으로 인식하도록 해야 한다.
또한, 고객과 첫대면 시 적극적이고 긍정적 자세를 보여주고 업무적인 대화를 나눌 때는 공인중개사가 전문가라는 이미지로 부정적인 느

낌 전달보다는,

"해 보겠다."

"열심히 팔아보겠다." 등

긍정적인 자세로 임하여 상대에게 강한 열정을 보여줘 좋은 이미지를 갖게 해야 한다. 흔히 사람들이 가정에서 좋지 않은 일이 있으면 직장에서 하루종일 얼굴이 굳어 있어 동료나 고객이 접근하기 어려울 때가 있다. 이러한 표정관리는 서비스맨으로서는 자세가 부족하다 할 수 있다. 설사 가정에서 좋지 않은 일이 있었더라도 고객을 맞이할 때는 이러한 상황을 툭툭 털어버리는 자세를 갖추어야 한다.

직장에 출근하여 개인적인 나쁜 감정이나 마음의 상태를 훌훌 털어낼 수 있는 사람은 그야말로 분위기 메이커로 중개사의 역할을 충분히 해낼 수 있는 자격을 갖추었다고 말할 수 있다.

2 예전의 나를 버려라

🏠 "예수께서 대답하시되 진실로 내가 이르노니 사람이 물과 성령으로 거듭나지 아니하면 하나님 나라에 들어갈 수 없느니라. 육으로 난 것은 육이요 성령으로 난 것은 영이니 내가 네게 거듭나야 하겠다 하는 말을 기이 여기지 마라." 하였다.

흔히 천국 가는 것이 낙타가 바늘구멍에 들어가는 것보다 어렵다고 한다. 천국에 가려면 최소한 과거의 나를 버리고 새로운 나로 거듭나야만 가능하다는 것으로 표현될 수 있다.

요즘은 퇴직연령이 단축되어 40대에 명퇴하는 직장인이 참 많다. 그래서 40대를 제2인생을 시작하는 세대라 부르기도 한다. 40대에 성공을 이룬 사람도 있지만 대부분 미래가 불확실할 정도로 준비되어있지 않다.

최근 40대 이상 연령대가 가장 희망하는 직종으로 공인중개사를 뽑는다고 한다.

하루에도 수많은 중개업소가 생겨나고 또한, 문을 닫는다.

소자본으로 손쉽게 오픈할 수 있지만, 현실은 그렇게 녹록하지 않다. 새로운 일을 시작하면서 가장 먼저 해야 할 것이 있다. 바로 정신자세부터 변해야 한다. "마음이 변하면 태도가 변하고 태도가 변하면 행동이 변한다."라는 말이 있듯이 우선 예전의 나를 완전히 잊어야 한다.

■ 화끈하게 과거를 잊어버리자

사람은 누구나 남에게서 인정받고 대접받기를 좋아한다.
그러기에 군에서 퇴직한 친구는 아직도,
"네 김장군입니다."
"나, 김장군이여." 식으로 늘 얘기한다.

제대 후 3년이 지났는데도 과거의 자신을 못 잊고 있다.
언제까지 과거의 화려한 시절에 취해 있을 것인가?

과거에는 한우물만 파고도 평생을 넉넉하게 살 수 있었다.
이제는 시대가 바뀌었다. 70세까지 경제활동을 충분히 할 수 있을 정도로 건강이 뒷받침되고 또한, 수명이 연장되었다. 그러므로 또 다른 우물을 파야 한다. 아니 또 다른 새로운 우물을 파지 않으면 안 될 시대가 도래하였다.

전 'S 회사 임원'이라는 과거의 타이틀에서 과감하게 벗어나야 새로운 우물을 팔 수 있다. 현재의 나를 바로 인식하고 과거의 지위에서 벗어나야 한다.

필자의 한 친구는 은행 지점장으로 오랫동안 근무하고 퇴직하였다. 별다른 기술이 없어 제과점을 오픈하려고 새로운 상가를 구입하였다. 제과점 담당자와 오리엔테이션 과정에서 큰 난관에 부딪혔다. 과거의 직업이 문제였다. 은행지점장 타이틀로서는 자영업을 하기 어렵다는 것이다.

제과회사 담당자 왈,
"수많은 은행 지점장 출신이 제과점을 오픈했지만 성공한 경우는 보지 못했다."
친구에게 가급적 제과점 오픈을 자제해 달라고 간곡히 부탁하였다. 그 후 어렵사리 오픈 허락은 받았지만, 친구로서 성공하길 바랄 뿐이다.

어느 통계에 의하면 퇴직 후 자영업으로 성공하기 어려운 직종으로 금융기관직원, 교사와 경찰 그리고 의사와 군인을 들었다. 물론 이런 직업을 가졌다고 모두가 그렇지는 않겠지만, 적어도 직업 성격에서 그 원인을 찾을 수가 있다. 늘 남에게 베풀어야 하는 서비스를 생명으로 하는 직종에서 적응하기 어려워서 그럴 것이다. 이런 직종에서 근무한 경험이 있는 사람은 과거를 화끈하게 잊어야만 한다. 새로운 사람으로 거듭나야만 남에게 베풀 수 있는 일을 할 수 있기 때문이다.

반면에 금융기관 출신으로 공인중개사를 성공적으로 하고 있는 사례도 있다.

전직 금융기관 출신인 공인중개사 최 사장님. 그는 금융기관 출신답지 않다. 항상 궂은일 쉬운 일 가리지 않고 열심히 일한다.

보증금 200만 원에 월세 10만 원 찾는 손님도 친절하게 이 골목, 저 골목 찾아다니며 고객을 상담하며 응대한다. 중국교포, 자식과 같은 어린 신세대, 할머니 등 다양한 고객을 차별대우하지 않고 미소로서 늘 응대한다.

최 사장으로부터 과거의 금융기관 냄새를 찾을 수 없다. 그는 아침 일찍 출근하여 사환이 되고 고객이 찾아왔을 때는 유능한 실장이 된다. 그리고 때로는 사장으로서 제 역할을 다한다. 그에게서는 현재의 친절한 공인중개사의 향기로운 냄새만 느낄 수 있다.

"새 술은 새 자루에 담아라."라는 말과 같이,
예전의 나를 버리고 새로운 마음가짐과 적극적인 태도로 환골탈태(換骨奪胎)해 새로운 우물을 파야 한다.
그래야 어려운 환경에서 살아남을 수 있고 공인중개사로 성공할 수 있다.

3 천직(天職)으로 여겨라

🏠 우리는 흔히 재테크 수단으로 주식과 채권 그리고 부동산에 투자한다.

주식은 위험부담이 크지만, 대박이 날 때가 가끔 있다. 그래서 주식을 하이리스크 하이리턴이라 한다. 채권 역시 원금을 손해 보는 경우도 있지만, 주식 보다는 안전한 운용수단이다. 반면 한국인이 재산의 90% 이상을 투자하고 있는 부동산은 주식과 채권보다는 환금성이 낮지만, 장기간에 걸쳐 보유 시에는 어느 자금 운용 수단보다도 안정적이고 수익성이 높다 할 수 있다. 그래서 동서양에 걸쳐 부자가 된 사람들의 면면을 살펴보면 부동산을 통하여 부자가 된 사람이 참 많다. 이런 현상은 지금도 계속되며 앞으로도 그럴 것이다.

이렇게 중요한 부동산에 대하여 좀 생각을 해보면, 우리가 아침에 눈을 뜨고 일어나 잠들 때까지 부딪치는 것이 부동산이다.
그래서 우리는 부동산을 외면하고 살 수는 없다.
거주 공간인 주택, 일하는 공간인 사무실, 자영업자가 활동하는 영업장소, 그리고 휴식을 취할 수 있는 리조트 시설 등 우리의 삶 자체가 부동산을 떠나 조금도 지탱할 수 없는 것이다. 이렇게 우리 삶의 큰 축을 담당하고 있는 부동산에 대하여 모든 사항을 처리하는 공인중개사는 직업으로서는 최고의 직업이라 생각한다.

그래서 전문직으로서 사회에 이바지하고 공동의 생활과 활동에 부합되는 직업인으로서 공인중개사는 투철한 직업관과 윤리관이 더욱 더 요구된다 할 수 있다.

■ 공인중개사를 천직으로 생각하라

일본 기업들이 가진 최고의 장점은 한곳에 몰두하는 장인정신이다.
대(代)를 이어가며 고집스럽게 라면만을 만들어 완벽한 라면의 맛을 내는 라면집의 이야기는 참 유명하다.

이렇게 일본이 장인제도가 발전하게 된 것은 도쿠가와 이에야스(1542~1616)가 일본을 통일한 후 계급이동과 신분 변동을 금지한 후에 신분제도가 정착되면서 비롯되었다고 한다. 그러니 자연스럽게 가업을 잇는 장인이 많을 수밖에 없다.

특히, 유기 및 도자기분야에서 400년 이상을 대대로 이어오는 장인이 많다고 한다. 이러한 장인정신은 자기의 직업을 사랑하고 자랑스럽게 여기는 천직(天職)에서 나오는 것이라고 볼 수 있다.

천직(天職)이란 한마디로 보람이 있고 재미있는 일, 그런 일이 천직이라 생각한다. 그래서 토마스 칼라일은 "자신의 천직을 찾은 사람은 축복받은 사람이다. 그런 사람은 또 다른 행복을 찾을 필요가 없다."라고 하였다.

공인중개사는 한마디로 천직이라 생각한다. 매도, 매수자의 중간에서 서로에게 이익을 제공해주며 성공적인 인간관계를 맺을 수 있는 업(業)이기 때문이다.

매도자와 매수자, 모두에게 윈윈(Win-Win)하는 값진 일을 수행하고 또한, 매수매도 양방에 행복을 전해주는 그런 의미 있는 일을 하기 때문에 어느 직업보다도 천직에 가까운 직업이라 할 수 있다.

현실은 어떤가?
하루에도 수많은 부동산 사무실이 오픈되고 문을 닫는다.
진입 장벽이 쉽고 소자본으로 자격증만 소지하면 오픈이 가능하기 때문에 그렇다.
개업한 지 1년도 안 되어 문을 닫는 중개업소를 볼 때마다 마음이 아프다.
장사가 뜻대로 되지 않아 그렇겠지만, 일본인의 장인정신에 비교하면 많은 생각을 낳게 한다.

한국인 최고의 애호 자격증으로 공인중개사와 주택관리사라고 신문지상에서 늘 보았다. 그만큼 공인중개사는 국민 속에 사랑받고 일하고 싶어 하는 직종 중의 하나이다. 이러한 애호직종을 자손 대대로 내려주면서 한곳에서 오래도록 고객과 함께할 때 승부가 난다고 볼 수 있다.

서울 도림동에 소재한 어느 중개업소.
중개인으로 한곳에서 부동산을 30년 이상 영위하였다.
1,000여 세대가 밀집한 단독주택단지에서 30년 동안 부동산을 하였으니 모르는 사람이 없을 정도로 모든 주민이 이용하는 사무실이다. 그러니 이 지역의 주택 전, 월세는 물론이고 매매 등 모든 거래의 50% 이상을 점유하고 있다.
이유인즉 장인정신에 입각하여 한곳에서 꾸준히 천직으로 생각하여 일한 덕분이다.
이 부동산에 전, 월세를 놓아 달라고 맡겨놓은 열쇠 숫자만 보아도 과히 이 중개업소의 점유율을 알 수 있다.

이 중개인은 80세까지 중개업을 하다 최근에 작고하였다.
이렇게 되면 부동산 사무실을 다른 업자에게 넘기든지 아니면 문을 닫아야 하지만 장인정신으로 아들이 이어받았다.
젊은 사람이 열심히 하니까 아버지 때보다도 부동산 매물이 늘 넘친다.
그래서 이 지역 모든 중개업소는 이 부동산과 공동중개를 하여야 한다. 왜냐하면, 매물이 많은 부동산과 공동중개는 자연스러운 현상이기 때문이다. 2대에 걸쳐서 자기의 직업을 사랑하고 존중하며 중개사를 천직으로 여기니 오래도록 중개업을 영위할 것 같다.

■ 공인중개사의 직업상 윤리

 윤리란 사람이 사회생활을 하면서 당연히 준수하여야 할 인간의 도리를 말한다.
 그러므로 누구든지 나이와 직업을 불문하고 각자에 부합되는 행동을 해야 한나.

 공인중개사도 우선적으로 지켜야 할 직업윤리가 있다.
 모든 직업이 지켜야 할 윤리가 있겠지만, 특히 부동산은 국민경제에 지대한 영향을 미치는 사회성과 공공성 그리고 공익성이 있는 분야로 전문 직업인으로서 책임이 막중하다.

 부동산은 그 특성상 다른 어떤 것보다도 문제가 터지면 파급효과가 너무 크기 때문에 공인중개사의 역할은 매우 중요하다. 우리나라에서는 부동산문제로 사회적인 이슈가 많이 거론된다. 바로 부동산투기와 주택가격의 폭등 그리고 중개업자의 사기 등이다. 이러한 문제를 근원부터 없애려면 전문 직업인으로서의 공인중개사의 투철한 사명감과 윤리의식을 갖고 매사에 임할 때에 이러한 문제를 조금이라도 최소화 할 수 있다고 본다.

이러한 공인중개사의 사명감과 윤리의식 못지않게 중요하게 다루어야 할 것이 중개사의 직업상 윤리라고 본다. 고객과의 지켜야 할 윤리도 중요하지만, 중개업자 간 지켜야 할 윤리가 더욱 중요한 문제라고 본다. 현업에서 고객과의 트러블로 마음이 상할 때도 가끔 있지만, 인근 공인 중개사의 자기 중개업소의 이익만을 위하는 반칙영업과 비방, 그리고 업무방해 등 이런 행동을 대할 때마다 중개업을 그만두고 싶을 때가 많다.

특히, 중개업자의 비도덕인 행동이나 비양심적인 태도로 인하여 공동중개업을 흐리게 할 때면 전문직업인으로서 비애를 느끼기도 한다.
공인중개사는 고객에게 최선의 서비스로 고객지향적인 서비스윤리를 가져야 하고 아울러 중개업자 간의 조직윤리는 반드시 지켜야 하고, 직업인으로서 늘 노력해야 한다.

4 "사장님 댁이 천하에 제일입니다"

🏠 인간의 욕망은 한이 없다. 의식주에 대한 것은 가장 기본적인 욕망이요, 더 나아가 한층 세련된 욕망으로 자신의 가능성과 잠재력을 최대한 실현하여 남들로부터 인정을 받아 위대해지고, 중요한 존재가 되기 등 인간의 욕망은 죽는 순간까지 끝이 없다.

이런 여러 가지 욕망 중 남들로부터 인정을 받고 칭찬을 받을 때 가장 즐겁고 보람을 느낀다고 한다. 초등학생부터 성인에 이르기까지 칭찬과 인정을 받고 싶어 함은 인간의 공통된 마음이다.

그래서 괴테는 "사람들은 누구나 다른 사람들의 인정을 받고 싶어 한다. 남들의 좋은 점만을 보고 기회 있을 때마다 칭찬을 해주기를 결심한다면 상대방은 기분이 무척 좋아질 것이고 우리도 그 덕을 볼 수 있게 될 것이다."라고 하였다.

이름 모를 부인의 칭찬 한 마디에 큰 용기를 얻어 어려운 역경을 이겨내 자신의 꿈을 실현시킨 사람이 가끔 있다. 유럽에서 성공한 최고

제 6 장 10억 벌기 중개사의 '마음자세'   273

의 디자이너 '피에르가르뎅'이 그 중 하나이다.

 제2차 세계대전이 끝난 뒤 먹고 잘 곳도 없는 한 청년이 파리의 한 의상실 앞에서 비를 피하고 있었다. 청년은 이탈리아의 유복한 사업가의 아들로 태어났지만 1차 세계대전으로 부친의 사업이 망해 가족이 다 프랑스로 이주하였고 생활이 어려워 적십자사에서 아르바이트해 생활하였다.
 끼니를 잇기 어려운 형편이라 옷을 사 입을 수가 없어서 이 청년은 스스로 천을 구해 옷을 만들어 입었다고 한다.

 다행히도 이 청년은 옷 만드는 것을 좋아했고 솜씨도 좋아서 그런대로 보기가 좋은 정도였다.

 끝이 보이지 않는 생활고로 절망이 엄습할 때면 이상하게도 그의 발걸음은 으레 의상실 앞에 가 있었다. 어느 날 비를 피해 의상실 앞에서 의상실을 들여다보고 있는데 의상실에서 나오던 한 부인이 유심히 바라보고 물었다.
 "어머, 그 옷 참 멋이 있네요. 어디서 맞추었지요?"
 "네? 이 옷은 맞춘 것이 아니고 제가 만든 것입니다."
 "그래요? 정말로 멋집니다. 당신에겐 옷을 만드는 특별한 재주가 있나 봐요."
 청년은 이름 모를 이 부인의 한마디에 눈이 번쩍 뜨였다.
 1950년 그 청년은 부인의 한마디에 빚을 얻어 변두리에 의상실을 차렸다.

그런데 디자인 솜씨가 뛰어나다는 소문이 퍼지고, 영화 "미녀와 야수"의 의상을 담당할 것을 제의받아 성공적으로 해냈고, 디자이너로 한발 한발 목표를 향해 나가게 되었다. 그 결과 1974년에는 타임지의 표지를 장식할 만큼 성장하여 '유럽에서 성공한 최고의 디자이너'라는 찬사를 듣게 되었다. - 행복한 동행 중에서 -

만약 이름 모를 부인의 칭찬 한마디가 없었다면 최고의 디자이너로 성공하지 못했을 것이며 어려운 생활고로 방황한 나머지 그의 재능을 펼치지는 못했을 것이다.
이렇듯 사람을 크게 변화시키는 위력을 가지고 있고 인간관계에서도 좋은 관계를 형성할 수 있는 것이 바로 칭찬 한마디다.

■ 칭찬하라, 고객은 반드시 문을 열고 다가온다

버락 오바마 미국대통령의 한국에 대한 칭찬은 참으로 대단하다.
미국의 대학생 앞에서 연설 중 "교육은 한국만 한 곳 없다." 하면서 한국 교육에 대한 찬사를 아끼지 않았으며 여러 장소에서 한국의 교육 경쟁력을 높이 칭찬하였다. 그는 또 한국에 대해 '기업가와 과학자, 엔지니어 배출에서 미국을 추월하려고 노력 중인 나라' 중 하나로 규정하면서 미국도 경쟁에서 뒤처져서는 안 된다고 역설했다.

한국의 뜨거운 교육열과 정보통신서비스, 그리고 자동차에 대한 한국의 발전상이 미국보다 앞서고 있다는 것을 강조하기 위해서 하였겠지만, 이 말을 들을 때마다 우리는 싫지는 않다. 우리의 앞서 가는 분야를 인정하여 주고 관심을 가져준다는 사실만이라도 매우 기분 좋은 일이다. 이렇게 칭찬은 상대방의 기분을 좋게 하여줄 뿐만 아니라 결국 칭찬받는 상대의 사고를 마비시키기도 한다.

필자가 직접 겪은 사례를 보자.

어느 날 오피스텔을 구입하고자 하는 젊은 여자 손님과 1억 4천만 원에 오피스텔 매매계약을 체결하였다. 계약서 특약사항에 '매도인이 잔금 시까지 모든 수리를 완료하여 이전하여 주는 조건'으로 하여 매매계약서를 작성하였다.

수리가 완료되어 매수인이 오피스텔을 확인한 결과, 화장실을 제외하고 모두 수리가 되어 신축 오피스텔과 다를 바 없었다. 그런데 문제는 화장실에 있었다.

매수인 왈 "나는 많은 사람이 사용한 화장실만큼은 그대로 사용할 수 없다. 그러니 화장실도 전부 수리하여 주지 않으면 계약을 파기하겠다."고 하였다.

반면 매도인은 정반대 의견이었다. 깨끗한 화장실을 1천5백만 원 들여서 수리하여 줄 수 없다는 것이다. 이런 때 공인중개사의 입장은 난처하다. 그야말로 진퇴양난이다. 여러 가지 대안을 제시하여 보았지만, 상대 감정의 골만 깊게 하였다. 그러던 중 우연히 인터넷 검색과정에서 매도인이 유명한 중소기업 사장임을 알았다. 사장님은 언론 매체에 소개될 정도로 그 업계에서는 유명한 사람이었다. 다시 한 번 시도해보자 하고 전화를 걸었다 "사장님, 언론에서 참으로 유명하시던데 이제야 알게 되었습니다. 매수인도 깜짝 놀라 반가워하고 있어요. 유명한 사장님 오피스텔을 구입하였다고."

이렇게 통화 한 후 다음날 매도인으로부터 전화가 왔다. "그 화장실 1천5백만 원 들여 전부 수리하여 주겠다."는 것이다. 감정이 대립되어 대치하고 있던 상황이 칭찬 한마디에 반전되었다. 칭찬 한마디가 없었다면 계약은 파기되고 공인중개사는 매우 힘든 상황을 맞이하였을 것이다.

이렇듯 칭찬은 상대의 장점을 발견하고 격려해 주는 말이다. 또한, 상대에게 큰 힘이 되어 상대를 변화시키는 능력을 갖고 있다. 그러므로 칭찬을 할 때는 진심 어린 마음으로 해야 한다. 그러면 고객은 닫혀 있던 마음의 문을 활짝 열고 다가오기 때문이다.

고객은 당신과의 만남을 즐거워할 것이며 당신의 말에 호감을 갖게 되며 당신의 요구를 받아들이게 될 것이다.

반면에 칭찬은 아부와는 다르다.
아첨은 교언영색(巧言令色)과 같아 나보다 힘이 있는 사람에게 하는 비굴한 말이며 대가를 기대하는 계산된 발언으로 기회주의자들의 말이다. 그러므로 이런 아첨의 말은 상대를 넘어뜨리기도 하는 아주 나쁜 말이다. 이런 아첨하는 사람이 많을수록 그 사회는 혼탁해지고 발전을 저해하게 된다.

클린턴 대통령의 참모인 딕 모리스는 클린턴에게 '미국에서 역사상 다섯 번째로 위대한 대통령'이라고 늘 아부했다. 그런 결과 그는 참모로 최 장수했다고 한다.
흔히 칭찬은 성장 과정에서 부모에게부터 애정을 많이 받고 칭찬을 많이 받아 본 경험 있는 사람만이 칭찬을 잘한다고 한다.

혹자는 "마음에도 없는 칭찬을 해야 하나요?"라 반문한다.
어쩌랴! 서비스 현장에서 살아남으려면 마음에도 없는 칭찬을 때로는 하여야 하며 가끔 입에 발린 아첨도 해야 할 때가 있다.

■ 칭찬, 타이밍을 살려 칭찬하라

소위 주식투자에서 성공하려면 매도 타이밍을 잘 잡아야 한다.
투자액 대비 주가가 많이 올랐어도 매도 타이밍을 놓치면 원하는 수익을 실현하기 어렵기 때문이다.

칭찬도 마찬가지다.
칭찬거리를 찾아 적시 적소에서 칭찬을 창조해야 한다.

흔히 칭찬거리가 없다고들 한다. 칭찬거리가 없는 것이 아니라 칭찬할 만한 마음의 여유가 없고 관심이 부족해서 그렇다.

누구든지 칭찬거리를 갖고 있다. 다만 발견하지 못하기 때문이다.

2014년 소치 동계올림픽에서 피겨 싱글 은메달을 딴 김연아 선수도 어머니의 칭찬이 있었기에 가능하였다고 한다. 일찍이 피겨스케이팅에서 탁월한 재능을 발견하고 적극 지원하기로 한 어머니는,

작은 목표를 달성하거나 새로운 기술을 습득했을 때마다 "네가 이런 것을 했네."/ "어제는 어려워하더니 오늘은 쉽게 해내는구나." 하고, 늘 긍정적 마인드를 피드백하고 칭찬함으로써 오늘날의 김연아 선수를 있게 하였다.

세계적인 프리마돈나 조수미 씨도 중학교 시절 "음색이 아주 좋다."는 칭찬을 자주 들었다고 한다. 그런 결과 자신감을 갖고 각고의 노력을 한 결과 오늘의 세계적인 스타가 된 것이다.

영국 프리미어리그 맨체스터 유나이티드 팀에서 뛰었던 박지성 선수도 때로는 실망스런 경기를 할 때가 가끔 있었다. 이럴 때 퍼거슨 감독은 질책보다는 "오늘 경기는 감독 의도대로 잘 해주었다." 하면서 다음 경기에 잘하도록 선수의 사기를 북돋아 주었다고 한다.

이렇듯 칭찬 소재는 주변에 다양하게 있기 때문에 관심을 갖고 찾아

보면 얼마든지 찾을 수 있다.

부동산 사무실에 고객이 아파트 매물을 내놓았다.
서울아파트 101동 1001(천하에 제일)호였다. 매물을 접수한 부동산 사장님의 번쩍이는 칭찬 한마디가 대단하다. "사장님 댁이 천하에 제일이군요. 더구나 남향이니…."/ "충분히 제값을 받을 수 있습니다."
이렇게 칭찬하자, "사장님 순간 대처 능력은 더 대단한데요." 하며 우쭐댄다.

■ 칭찬 테크닉 10가지

① 고객의 자아의식을 자극하라

칭찬을 받으면 누구나 기뻐하고 좋아한다. 그러므로 칭찬은 인간의 자아를 자극하는 최고의 자극제이다. 비록 칭찬이 아첨이라 할지라도 고객은 만족감을 느끼고 즐거워하게 된다. 가령 상대가 도무지 느끼지 못했던 것을 칭찬하는 것이다. 계약 시 꼼꼼히 기재하는 고객에게 "손님은 매사에 확실하게 일처리 하겠어요." 하며 고객의 자아의식을 자극하여 칭찬한다.

② 참신한 것을 칭찬하라

남들로부터 수없이 듣는 칭찬은 큰 매력을 느끼지 못한다. 좀 더 강렬하고 인상 깊은 칭찬을 해야 한다. 다시 말하여 뜻밖의 사실을 칭찬하여 뜻밖의 효과를 유도해야 한다.

"손님 협상능력이 대단하십니다."/ "오늘 김 실장이 아니었다면 그 계약 깨질뻔했어." 이처럼 참신한 것을 칭찬하면 효과적이다.

③ 여성을 칭찬할 때

여성의 관심분야를 칭찬해야 한다.

"손님 옷차림이 가을 분위기에 참 어울리네요."

이처럼 여성은 남성과 달리 외모, 표정, 옷차림, 말투, 유머감각, 마음씨 등에 예민하므로 이점을 유념하여 칭찬거리를 찾으면 된다.

④ 남성을 칭찬할 때

남성의 명예욕을 부추기라. 조그마한 구멍가게 주인 일지라도 '사장님, 회장님'으로 호칭하여 그의 경영능력을 칭찬하면 칭찬의 마력을 느끼게 된다.

"회장님, 골프 드라이버 비거리는 타이거 우즈 수준이네요." 등 남성의 명예욕을 부추기며 칭찬하라. 철학자 파스칼은 "인간은 자신이 우수함을 보이기 위하여 명예를 얻으려고 안간힘을 다한다." 하였다.

⑤ 고객의 소지품을 칭찬하라

방문한 고객에게 "손님 스마트폰이 참 좋네요, 손님은 유행에 첨단을 걷고 있습니다." 하며 칭찬하라. 고객의 넥타이, 옷차림, 핸드백, 스카프 등 소지품을 칭찬할 때 반색을 하여 즐거워하고 우쭐댈 것이다.

⑥ 장점을 칭찬하라

인간은 누구나 장점을 갖고 있다. 장점을 찾아 칭찬하면 고객의 존재가치를 새롭게 하는 기회가 된다.

"손님은 성격이 원만하시어 누구든지 좋아하겠어요."와 같이 장점을 칭찬하라.

⑦ 비유하여 칭찬하라

연예인이나 유명인사 등에 비유하여 칭찬하는 방법이다.

"손님을 보니 연예인 하지원 씨가 떠오르네요."라고 칭찬을 할 때 고객은 이미 단골고객이 된 셈이다.

⑧ 감탄하여 칭찬하라

고객과 대화 시 "역시, 어쩜, 어머나." 등 감탄사를 사용하여 칭찬하면 칭찬의 효과는 배가 될 것이다.

⑨ 간접 칭찬의 테크닉을 사용하라

귀여운 아이를 동반한 고객이 내방 시 그 어린애의 귀여운 모습을 칭찬하라. 고객의 기쁨은 더욱 커질 것이다.

⑩ 칭찬의 찬스를 잡아라

부동산 사무실을 찾은 고객에게 "손님, 필기체가 너무 좋네요."/ "인감도장이 정말 멋져 큰돈을 벌게 생겼네요."라고 순간을 포착하여 칭찬하라.

고객의 마음은 활짝 피어날 것이다.

참고문헌

조관일 | 서비스에 승부를 걸어라, 21세기 북스, 1996
신영균 | 부동산 설득공식, 리북스 도서출판, 2010
강희만 | 부동산 숙달하기, 부동산 NET, 2009
권미라 | 부동산중개 이렇게 하면 된다, 부키, 2002
권혁기 | 부동산 고수가 되려면 내공을 쌓아라, 진리탐구, 2004
강계준 | 부동산 중개업 베테랑 되기, 부연사, 2012
권기하 | 부동산 중개업 이렇게 하면 성공한다, 굿인포메이션, 2002
조관일 | 황당매너, 위즈덤하우스, 2000
스티븐 코비 | 성공하는 사람들의 7가지 습관, 김영사, 1997
손광수 | 알기 쉬운 CS 하기 쉬운 CS, 21세기북스, 1996
최병무 | 칭찬파워, 21세기북스, 1997
레베카 모건 | 화난 고객 진정시키기, 한길사, 1995
김희수 | 고객을 사로잡는 새로운 CS 전략, 도서출판 극동문화, 1996
김희수 | 고객감동 서비스 길라잡이, 이화경영연구소, 2003

부동산중개업으로 10억벌기

초판　1쇄 발행　2014년 5월 16일
개정판 2쇄 발행　2017년 12월 8일

지 은 이　김희수
펴 낸 이　최지숙
편집주간　이기성
편집팀장　이윤숙
기획편집　주민경, 윤일란, 이하영
표지디자인　신성일
책임마케팅　임용섭, 장일규
펴 낸 곳　도서출판 생각나눔
출판등록　제 2008-000008호
주　　소　서울 마포구 동교로 18길 41, 한경빌딩 2층
전　　화　02-325-5100
팩　　스　02-325-5101
홈페이지　www.생각나눔.kr
이 메 일　bookmain@think-book.com

· 책값은 표지 뒷면에 표기되어 있습니다.
　ISBN 978-89-6489-283-1　13320

· 이 도서의 국립중앙도서관 출판 시 도서목록(CIP)은 서지정보유통지원시스템 홈페이지
　(http://seoji.nl.go.kr)와 국가자료공동목록시스템(http://www.nl.go.kr/kolisnet)에서
　이용하실 수 있습니다(CIP제어번호: CIP2014012815).

Copyright ⓒ 2014 by 김희수, All rights reserved.
· 이 책은 저작권법에 따라 보호받는 저작물이므로 무단전재와 복제를 금지합니다.
· 잘못된 책은 구입하신 곳에서 바꾸어 드립니다.